UN VOTO CATÓLICO POR TRUMP

Un
VOTO
CATÓLICO
POR
TRUMP

La única opción en el 2020
tanto para Republicanos
como para Demócratas e
Independientes

JESSE ROMERO
CON JOHN MCCULLOUGH

TAN Books
Gastonia, North Carolina

Traducido por Victor Prieto

A menos que se indique lo contrario, las citas de las Escrituras provienen de la Versión Estándar Revisada de la Biblia—Segunda Edición Católica (Ignatius Press), el derecho de autor © 2006 Del Consejo Nacional de las Iglesias de Cristo en los Estados Unidos de América. Utilizado con permiso. Todos los derechos reservados.

Extractos de la traducción al inglés del Catecismo de la Iglesia Católica para su uso en los Estados Unidos de América copyright © 1994, United States Catholic Conference, Inc.—Libreria Editrice Vaticana. Usado con permiso.

Pasajes de documentos, encíclicas y discursos de © Libreria Editrice Vaticana a menos que se indique lo contrario. Todos los derechos reservados. Usado con permiso.

Extractos del blog de James Howard Kunstler © James Howard Kustler. Todos los derechos reservados. Utilizado con permiso del Autor.

Artículo de Brian Cates © Brian Cates 2020 y UncoverDC.com. Se utiliza con el permiso de Autor y Publicador.

Extractos de The Last Refuge www.theconservativetreehouse.com. Utilizado con permiso.

Lista de logros de Trump en el apéndice 2 compilado por Robby Starbuck. Utilizado con permiso.

Diseño de portada por Caroline K. Green

Imagen de portada: El presidente de Estados Unidos, Donald Trump, camina a Marine One en el césped sur de la Casa Blanca el 21 de diciembre de 2017 en Washington, DC. / AFP FOTO / Brendan Smialowski a través de Getty Images.

Primer plano de la bandera estadounidense por STILLFX a través de Shutterstock

ISBN: 978-1-5051-1733-2

Publicado en los Estados Unidos por
TAN Books
P.O. Box 269
Gastonia, NC 28053
www.TANBooks.com

Impreso en los Estados Unidos de América

*Para Melania y la familia Trump, en agradecimiento
por los sacrificios que han hecho y el sufrimiento que han
soportado para que su esposo y padre (y abuelo) pueda llevar
a cabo la heroica misión que se le ha encomendado.*

JR y JM

*Para todos mis hermanos y hermanas latinos católi-
cos que han sido engañados por los propagandis-
tas y liberales medios de comunicación masivos.*

JR

*Con agradecimiento a dos héroes americanos cuyas histo-
rias serán contadas en su verdad algún día, teniente general Michael Flynn y Almirante Michael Rogers.*

JM

*San Miguel Arcángel, defiéndenos en la batalla.
Se nuestro amparo contra la perversidad y asechanzas del demonio.
Reprímale Dios, pedimos suplicantes, y tú,
Príncipe de la Milicia Celestial, arroja al infierno con el divino
poder a Satanás y a los otros espíritus malignos que andan
dispersos por el mundo para la perdición de las almas.
Amen.*

Nadie puede ser, al mismo tiempo, un católico sincero y un verdadero socialista.

Pio XI, Quadragesimo Anno, 1931

CONTENIDO

PRÓLOGO

CUANDO hago mis transmisiones diarias desde nuestro estudio de televisión en nuestra sede de Sacerdotes por la Vida, tengo una foto del presidente Donald Trump claramente visible detrás de mí.

Frecuentemente, algún espectador, cuyos comentarios puedo ver durante la transmisión, pregunta: "¿Por qué tiene una foto del presidente Trump sobre su hombro?"

En primer lugar, respondo: "Bueno, este programa viene a usted desde los Estados Unidos de América, y él es nuestro presidente.

"Y segundo, *si el no estuviera donde está, nosotros no estaríamos donde estamos.*"

Hago una pausa para dejar que eso se entienda, y luego explico además que bajo la administración del presidente Obama, Sacerdotes por la Vida fue uno de los grupos religiosos que tuvieron que luchar hasta la Corte Suprema para evitar multas paralizantes por nuestra negativa a incluir el aborto en el plan de seguro de salud que ofrecemos a nuestros empleados.

La Corte Suprema, técnicamente, no decidió el caso. Donald Trump lo hizo. El tribunal había pedido que buscáramos una solución con el gobierno, pero la administración de Obama simplemente no estaba dispuesta a honrar nuestras objeciones religiosas.

El presidente Trump si lo hizo, y nos liberó para siempre del mandato opresivo que, si se hubiera aplicado bajo una administración de la presidenta Hillary Clinton, no habría permitido que funcionara nuestro ministerio—e innumerables otros—. *Si el presidente Trump no estuviera donde está, nosotros no estaríamos donde estamos.*

Muchos votantes, para quienes su fe significa algo importante, se dan cuenta de esto, y es hora de que el resto también lo haga. Por eso este libro es tan importante y oportuno.

Debido a que a las personas religiosas les importa la virtud, algunos se quejarán pues no creen que el presidente está viviendo conforme a la fe cristiana.

Yo rechazo la premisa. Yo creo que si vive la fe cristiana. Es un hombre que cree en Cristo, cumple sus promesas, protege a su nación como sus deberes constitucionales le exigen hacer, ama a su familia y cría hermosos hijos ("Por sus frutos los conocerás"), y es generoso, incluso con su salario.

Un pastor que le conoce bien me dijo que rara vez había conocido a un hombre más abierto al Espíritu Santo que el presidente Trump.

Él vive su fe.

Pero a aquellos que piensan que no lo hace, les pregunto, ¿preferirías *tener un presidente que no vive su fe, o un presidente que no te permite vivir tu fe?*

Ningún presidente ha protegido la libertad religiosa y de conciencia más que el presidente Trump. Y lo ha hecho de forma proactiva, poniendo en marcha órdenes ejecutivas que permiten a las organizaciones religiosas hacer su trabajo con menos obstáculos y sin discriminación y castigando a instituciones que violan la ley que protege la libertad religiosa. ¡El presidente Trump incluso creó una nueva oficina federal para proteger la conciencia y la libertad religiosa! Hay otra dimensión a considerar también. Esta elección no se trata de personalidades. Se trata de un choque de visones, con múltiples ramificaciones, mucho más allá de las más fundamentales como el aborto y la libertad religiosa. La elección no se trata de virtud *privada;* se trata de la virtud pública. En lugar de preocuparse por los matrimonios del presidente, pregúntate qué impacto tendrán los jueces que él designe en la forma del matrimonio en nuestro país en las próximas generaciones. En lugar de preocuparte por lo religioso que es, pregúntate qué impacto tendrán sus políticas en la libertad de la Iglesia para ayudar a las personas a vivir su religión en el futuro. En lugar de preocuparte por los tweets que envía, presta más atención a las leyes que firma. Es la virtud pública, no la virtud *privada*, la que debe informar nuestro voto.

Los demócratas pro-aborto tratan de que nos enfoquemos en lo que *creen en privado* acerca del aborto, como una excusa para que ignoremos *las políticas públicas que imponen* y que hacen que el aborto continúe. No cometamos el mismo error al revés.

El propio presidente ha dicho que la elección no se trata de él; se trata de *ti*. Los ataques lanzados contra él son realmente *ataques contra ti*. Son un intento de privarte del impacto de tu voto y de tus valores en nuestra vida pública. El presidente Trump es sólo el mensajero, el vehículo, de todo un conjunto de políticas y cosmovisiones. Mantente enfocado, haz las preguntas correctas y ve el panorama general.

Y piensa por ti mismo. Recuerda, el catolicismo valora mucho la razón humana y espera que la usemos. Sólo tu eres responsable de tu voto: no tus padres y abuelos, ni tu sindicato o tu empleador, ni siquiera tu pastor u obispo.

Las elecciones no se tratan sólo de poner a una persona en el puesto; esa persona trae consigo toda una filosofía y una vasta red de funcionarios designados para llevarla a cabo. En las elecciones de 2020, no se nos pide   simplemente que elijamos entre Donald Trump y su oponente.

Se nos pide que elijamos

- la cultura de la vida o la cultura de la muerte,
- la libertad religiosa o la opresión religiosa,
- prosperidad o pobreza,
- una nación segura o fronteras abiertas,
- patriotismo o globalismo,
- un libre mercado o socialismo,
- la constitución o la tiranía judicial,
- la ley y el orden o la anarquía,
- y mucho más.

Este libro ayuda a delinear la elección, y estoy agradecido a sus autores.

Nosotros en Sacerdotes por la Vida también te ayudaremos a actuar de acuerdo con lo que aprendas en este libro. En ProLifeVote.com, tenemos toda una operación para ayudarte a hacer la diferencia en estas elecciones. Por favor, visítenos y participe.

Nunca ha habido una elección más consecuente en

nuestra historia; las posturas nunca han sido tan diametral-
mente opuestas, y la opción nunca ha sido más clara.
¡Mantengamos a Estados Unidos Grandioso!

P. Frank Pavone, Director Nacional, Sacerdotes por la Vida

PREFACIO

"Papá, ¿cómo puedes votar por él?», me preguntó mi hijo de trece años una noche en el 2016. "Es tan vulgar." El "él" de la pregunta era, por supuesto, el entonces candidato Donald John Trump. Le contesté:

Brendan, sé que jura y es grosero, pero también lo son muchos de los mejores hombres que he conocido. He conocido a tipos que hablan como marineros y no se han plantado en una iglesia en años. Y, sin embargo, sin ninguna duda, te darían la camisa que llevan puesta si la necesitas.[1] Y he conocido a hombres que se presentan como más papistas que el papa y que nunca usarían malas palabras, pero te apuñalarían por la espalda y no se lo pensarían dos veces. Trump es grosero, pero esos otros hombres tan preocupados por lo que dice ya han tenido su oportunidad de dirigir el país. Muchos de esos hombres (y mujeres) en esos debates en los medios que expresan indignación por la tosquedad de Trump tienen la limpieza étnica y la sangre de cientos de miles de cristianos en sus manos

---

[1] Esta observación no minimiza la grave obligación que tienen estos buenos hombres, si son católicos, de volver a los sacramentos y a la práctica de la fe de sus padres. Como a un sacerdote amigo mío le gusta decir: "La eternidad es mucho tiempo".

por las guerras en el medio oriente que desataron un infierno sobre esa pobre gente. Eso es grosero. ¡Y están preocupados por las palabrotas y el lenguaje áspero! ¿Se han disculpado esos católicos que juzgan a Trump, pero apoyaron esas políticas desastrosas? Tiene razón al estar enojado. Tiene razón al ser grosero. Mira alrededor del país y ve lo que se le ha hecho (no lo que le ha pasado...lo que se le ha hecho) a la clase trabajadora en este país mientras ellos hacen discursos y promesas, y nada cambia para mejor.

Así fue como un padre católico explicó su apoyo a Donald Trump cuando su hijo le preguntó. Y su entusiasmo por el hombre no decayó. Más tarde, cuando Hillary Clinton corrió lo que probablemente fue el anuncio de televisión más memorable, el que presentaba a unos niños pequeños pegados a la pantalla de televisión, mientras que Trump aparentemente gritó: "Pueden irse al chin**da",[2] mi hijo me miró expectante con una mirada que decía: "¿Cómo justificas eso?" Le contesté: "Precisamente por eso es por lo que estoy votando por él."[3]

Y, ya ves, resulta que no estaba solo.

Si quieres entender por qué Trump es el cuadragésimo

---

[2]   De hecho, lo dijo en un discurso en New Hampshire en referencia a las empresas que abandonan los Estados Unidos, pero en realidad susurró la palabra chin**da en lugar de gritarla.

[3]   No debería hacer falta decir que no le estaba diciendo a mi hijo que el mero hecho de que Trump usara lenguaje grosero era mi razón para apoyarlo; más bien, le estaba diciendo, y le expliqué esto con más detalle en ese momento, que apoyaba la justa ira que estaba detrás del lenguaje, pero, la verdad sea dicha, el lenguaje no me molestó.

quinto presidente, nada más y nada menos que Michael Moore, el cineasta ultraliberal que odia a Trump, explicó al mundo antes de las elecciones por qué el hombre al que él tanto odia iba a ganar. Mira el vídeo que se encuentra en la siguiente página de internet: https://www.youtube.com/watch?v-FLfvXjKMwtI. No te sientas mal si estás conmovido casi hasta las lágrimas. Deberías estarlo. (Si esa página ya no está activa, busca el discurso de Michael Moore Trump.)

Moore lo entendió; de hecho, lo entendió tan bien que uno se pregunta por qué no apoyó a Trump. Bueno, en realidad no, pero ese fue uno de los discursos más poderosos para Donald Trump en el 2016. El discurso de Moore en Ohio a lo que parecía una multitud de demócratas y, por lo tanto, probablemente un montón de católicos de clase trabajadora explica y justifica, incluso sin intención,[4] el atractivo natural del candidato Trump para esos votantes.

En ese video, Moore está hablando específicamente de la destrucción económica de la clase trabajadora que ha avanzado bajo los políticos de ambos partidos durante las últimas cuatro décadas, si no más, pero podría   igualmente haber hablado sobre las guerras a las que la clase trabajadora ha enviado a sus hijos e hijas y para las cuales los resultados han sido nada menos que desastrosos, especialmente, de nuevo, para los cristianos del medio oriente. No podríamos haber hecho un mejor trabajo para hacer que el mundo fuera seguro para el islam radical si lo hubiéramos intentado, es decir, hasta que Donald J. Trump fue elegido, y ahora, más

---

[4]   Obviamente, no podía esperarse que apoyara a Trump el resto del discurso de Moore, pero esos pocos minutos hicieron un caso decente, aunque no fuera intencional.

de tres años después, el territorio de ISIS ha sido revertido. Y nuestro liderazgo político en Washington no tiene miedo de identificar a ese enemigo en particular por su propio nombre. Muchos católicos han sufrido con la candidatura y ahora la presidencia de Donald Trump, a menudo por razones muy diferentes dado que el presidente elude categorizaciones fáciles. Muchos de esos que originalmente no les gustaba han cambiado su opinión, de nuevo, por una variedad de razones. Pero uno puede suponer que todavía hay muchos católicos por ahí que, o bien no saben qué pensar de él, o simplemente no les gusta. Como se refleja en el subtítulo de este libro, los autores están seguros de que para los católicos que votarán en las elecciones de 2020, Trump es la única opción tanto para republicanos como para demócratas e independientes. En estas páginas, nos esforzaremos por explicar por qué.

Cómo leer este libro

Un voto católico por Trump se esfuerza por mirar a este hombre -una de las figuras más polarizadoras en la historia de la política estadounidense, pero al mismo tiempo uno de los grandes unificadores, al estar atrayendo a demócratas e independientes de todas las razas- y argumenta que, para los católicos, un voto por Trump es la única opción en 2020. Hacer esto de manera totalmente objetiva es una tarea titánica, y los autores intentarán ser justos, pero tal vez no completamente objetivos, porque han llegado a amar a Donald Trump. En la etapa de borrador, el subtítulo del libro era "El *establecimiento*[5] no tiene ropa". Ese subtítulo captura la sensación de tal vez gran parte de la población. Lo que Trump reveló -y todo el mundo sabe que nadie más lo habría revelado ya sea porque eran, o todavía son, parte de la corrupta organización, o porque no lo creían ellos mismos, o porque simplemente no habrían sido capaces de correr el telón de forma tan magistral como Trump- es que, en verdad, el *establecimiento* no tiene ropa.

Trump era como el niño en esa historia que contaba la verdad en voz alta, mientras que todos a su alrededor admiraban la "ropa" del rey desnudo.

- En las guerras insensatas y la construcción de naciones, Trump dijo: "No tienen ropa. No más guerras estúpidas."
- Sobre los acuerdos comerciales que han destrozado a este país, Trump dijo: "No tienen ropa. ¡Traigamos de regreso la manufactura y hagamos que Estados Unidos vuelva a ser grande!"
- Sobre la corrupción y, como se está revelando, la criminalidad endémica de D.C., Trump dijo: "No tienen ropa. Enciérrenla." (Los acontecimientos recientes han revelado que la "ella" de esta retórica bien podría cambiarse a "ellos").
- Sobre el flujo sin control de los inmigrantes en la frontera sur, Trump dijo: "No tienen ropa. La

---

5   Nota del Traductor: El establecimiento se ha convertido en un sustantivo propio para nombrar a las élites tanto nacionales como globales que están en contra de cualquier cambio que reduzca su poder e influencia. A lo largo del libro la palabra *establecimiento* se escribirá en *itálicas*.

inmigración ilegal hoy en día no tiene nada que ver con el hecho de que Estados Unidos es una "nación de inmigrantes". Las circunstancias han cambiado. ¿Qué haces cuando cambian las circunstancias? Tú cambias."

• Sobre los medios corruptos y deshonestos, Trump dijo: "No tienen ropa. ¡Noticias falsas!»

• Sobre el islam como religión de la paz, Trump dijo: "No tienen ropa. Terrorismo islámico radical."

• Sobre el hecho de que la clase política en este país es esencialmente su propio partido y no ha puesto al americano promedio primero, Trump dijo: "No tienen ropa. Hay que drenar el *pantano*.[6]"

• Sobre la tragedia del aborto en este país, Trump dijo: "No tienen ropa. Seré un presidente pro-vida."[7]

Por lo tanto, este libro examinará a Trump desde una perspectiva católica tocando una variedad de temas. Citas relevantes de la enseñanza de la Iglesia y otras fuentes católicas introducirán los capítulos y serán seguidos de citas pertinentes de los discursos de Trump.   Además, la destacada labor de otros comentaristas —de la izquierda, la derecha y de dónde sea— será citada, a veces de forma extensa, si son observadores astutos de lo que ha pasado en estos últimos años. Jesse aportará su perspectiva particular como un católico mexicanoamericano en temas como la inmigración.

---

[6]   N del T: El *pantano* es el nombre que le da Trump al gobierno y las industrias dependientes de él en, y alrededor de, Washington DC.

[7]   Para que no se nos acuse de poner palabras en la boca del presidente, *al estilo Adam Schiff,* sepan que simplemente estamos diciendo que estos ejemplos son lo que Trump, en esencia, ha dicho.

Aprovechando una diversidad de fuentes, se espera que este libro no sea visto como una solicitud especial por una perspectiva política particular, aunque los autores son católicos comprometidos que vienen de muchas generaciones de demócratas, pero que bastante temprano en sus propias vidas de votantes se dieron cuenta de que ya no podían permanecer en ese partido. A medida que han pasado los años, han notado que cada vez más de sus amigos y familiares hacen esa misma ruptura. Los URL, algunas en el cuerpo principal del libro, pero la mayoría en las notas al pie de página, dan acceso a videos importantes para ver y artículos para leer que se discutirán en el texto. Si encuentra que los URL no están actualizados (aunque lo están cuando el libro se va a impresión), también se proporcionarán palabras clave para ayudar en la búsqueda. Pero uno no necesita seguir las ligas o leer los otros artículos para entender el libro.

JM

INTRODUCCIÓN

Nada le puede hacer más daño a los hombres de bien que los aparentes compromisos con los partidos que se suscriben a las fuerzas antimorales, antidemocráticas y anti-Dios. Debemos tener el valor de negar nuestro apoyo a los hombres que están haciendo el mal. No debemos odiarles, pero debemos romper con ellos[8]

Fulton J. Sheen

Pero espera un minuto, espera un minuto. Pero la Iglesia católica es pro-vida.[9]

Donald Trump al demócrata católico y pro-aborto Chris Matthews, marzo de 2016

El votante católico

HA habido numerosos estudios sociológicos sobre los cambios del votante católico. A lo largo de gran parte del siglo XX, los católicos naturalmente gravitaban hacia el Partido Demócrata y si creciste católico en Boston o en los barrios

---

[8]   Fulton J. Sheen, *Communism and the Conscience of the West* (New York: Bobbs-Merrill Company, 1948), p. 126.

[9]   Tom Kertscher, "In Context: Transcript of Donald Trump on punishing women for abortion," *Politifact*, 30 de marzo, 2016, https://www.politifact.com/article/2016/mar/30/context-transcript-donald-trump-punishing-women-ab/.

de Los Angeles en los años 50, 60, y los 70, probablemente
socializaste con menos republicanos que con protestantes.
Pero eso ha cambiado a medida que el Partido Demócrata
ha dado un giro fuerte a la izquierda -y más allá-, de tal
forma que parece que si eres pro-vida o anti-matrimonio gay
o anti-horas de historias drag queen, tus posibilidades de
encontrar un hogar a nivel nacional en la política demócrata
reside en algún lugar entre cero y negativo en la escala de
probabilidades.

Se testigo del intercambio entre Kristen Day, la presidenta
de Demócratas por la Vida, y el alcalde Pete Buttigieg que
sucedió en el mes de enero:

> KRISTEN DAY, AUDIENCIA: Soy una orgullosa
> demócrata pro-vida. Entonces, ¿quieres el apoyo de los
> demócratas pro-vida, y los votantes demócratas pro-
> vida? Somos unos 21 millones. Y si es así, ¿apoyarías
> un lenguaje de plataforma más moderado en el Partido
> Demócrata para asegurar que el partido de la diversi-
> dad, de la inclusión realmente incluya a todos?
>
> BUTTIGIEG: . . . y lo mejor que puedo ofrecer
> - y puede que gane tu voto y, si no, lo entiendo- lo
> mejor que puedo ofrecer es que si no podemos poner-
> nos de acuerdo sobre dónde trazar la línea, lo mejor
> que podemos hacer es acordar quién debe trazar la
> línea. Y en mi opinión, es la mujer que se enfrenta a
> esa decisión en su propia vida.

El moderador Chris Wallace le pregunto si estuvo satisfecha
con esa respuesta, Day respondió:

No, no lo estuve, porque él no respondió a la segunda parte de mi pregunta. Y la segunda parte fue que la plataforma demócrata contiene un lenguaje que básicamente dice que no pertenecemos, que no tenemos lugar en el partido, porque dice que el aborto debe ser legal hasta nueve meses, que el gobierno debe pagar por él, y no hay nada que diga que la gente [que] tiene una diversidad de puntos de vista sobre este tema debe ser incluida en el partido.

En 1996, y supongo que varios años después de eso, había lenguaje en la plataforma demócrata que decía que entendemos que la gente tiene puntos de vista muy diferentes sobre este tema, pero somos un partido que incluye a todo el mundo. Y así, por lo tanto, le dan la bienvenida en el partido a gente como yo para que podamos trabajar en cuestiones en las que estamos de acuerdo.

Así que mi pregunta era, ¿estarías abierto a un lenguaje como ese en la plataforma demócrata, que realmente decía que nuestro partido es diverso e inclusivo y queremos a todo el mundo?[10]

El alcalde Pete explicó su apoyo a la plataforma como está escrita y concluyo diciendo, la verdad hay que reconocerle: "Y de nuevo, lo mejor que puedo ofrecer es que podemos

_____

[10]   Ian Schwartz, "Pro-Life Democrat Grills Buttigieg At FOX News Town Hall: Party Platform Says We Don't Belong," *RealClear Politics*, January 26, 2020, https://www.realclearpolitics.com/ video/2020/01/26/pro-life_democrat_grills_buttigieg_at_fox_ news_town_hall_p arty_platform_says_we_dont_belong.html.

estar en desacuerdo en esta cuestión tan importante, y esperemos que podamos asociarnos en otros asuntos".

A lo que Day respondió, yendo al punto, "¿Entonces eso sería un no?"

Wallace concluyó el intercambio señalando: "Creo que es justo decir que Kristen no está aplaudiendo, pero eso es parte del proceso." Sí, es parte del proceso, un proceso que se ha ido desplegando desde que *Roe v. Wade* se convirtió en ley por un acto judicial, y uno que puede estar acercándose a su fin en términos de la relación entre los católicos y el Partido Demócrata. Y cuando esa relación se termine, el Partido Demócrata, para todos los efectos, se termina. Sin mencionar que los Bernie Bros se van a rebelar si su candidato es bloqueado de nuevo por el Comité Nacional Demócrata. (En un aparte, uno se imagina que Bernie se llevará las elecciones primarias demócratas de Wisconsin con un gran margen si los propietarios allí saben lo que es bueno para ellos. Más de unos cuantos republicanos probablemente cruzarán en esa elección primaria sólo para garantizar una victoria de Bernie. Incluso el más azul de los Cheeseheads muy probablemente se le baja el color en la cara ante la perspectiva de cócteles molotov y barricadas ardientes en Milwaukee este próximo julio.)

Las estadísticas son aburridas, pero anecdóticamente, con seguridad se puede decir que mientras que hace cincuenta años los católicos, como un bloque votante, eran un cincho para votar abrumadoramente por los demócratas, ahora debido al giro a la izquierda dura de ese partido en temas sociales, por un lado, y el éxito de Trump en cortejar a un buen porcentaje de los trabajadores católicos por el otro, el voto católico va a ir para los republicanos en gran escala en el 2020.

¿Cómo podría ser de otra manera? Este ya no es el Partido Demócrata de tus padres. Los demócratas católicos tienen que decidir si están dejando el partido o si el partido los dejó a ellos. Muchos, como los autores, se hicieron y respondieron esa pregunta hace años, incluso décadas atrás; muchos más lo están haciendo ahora. Los republicanos pueden haberlo hecho difícil en años pasados al ser percibidos como el partido que era para Wall Street en detrimento del trabajador promedio, pero eso es cada vez menos el caso hoy en día, especialmente en las últimas décadas ya que los demócratas han sido, si acaso, igual de conectados/dependientes de Big Money. Pregúntale a cualquier seguidor de Bernie. (Y, en cualquier caso, está la *I* para la designación independiente.) Pero a pesar de todo, Donald Trump ha volteado esa narrativa, y el estilo de republicanismo Trump está remodelando el panorama político estadounidense.

Cuestiones sociales de especial importancia para los católicos

Un fanatismo extraño llena nuestro tiempo: el odio fanático de la moralidad, especialmente de la moral cristiana.[11]

G. K. Chesterton

Las elecciones del 2016 fueron críticas para los católicos en

---

[11] "Quotations of G. K. Chesterton", *The Apostolate of Common Sense*, https://www.chesterton.org/quotations-of-g-k-chesterton/

los Estados Unidos de América. Los católicos practicantes saben que la postura de los demócratas acerca de cuestiones sociales como el aborto ha estado en desacuerdo con la enseñanza de la Iglesia y la moralidad básica durante mucho tiempo. Por lo tanto, ha habido una migración gradual de muchos del partido político de sus antepasados, ya que no pudieron reconciliar el conflicto. Sin embargo, muchos católicos, y prácticamente todos ellos en altos cargos públicos, han optado por comprometer sus supuestas o profesadas creencias morales con el fin de seguir apoyar el partido que su familia siempre ha apoyado. Racionalizaron esa desconexión durante muchos años por su desacuerdo con los republicanos en cuestiones económicas y refugiándose en la excusa de "personalmente opuesto, pero no quiero imponer mi moralidad". (Decimos "excusa" porque toda ley es una imposición de moralidad a alguien que puede estar en desacuerdo. Si queremos conducir a cien millas por hora en una zona escolar, la sociedad nos impone su moralidad.)

Lamentablemente, con el paso del tiempo, muchas personas llegaron a darle prioridad a su "identidad" como demócratas sobre su identidad como católicos. Trágicamente, esa lealtad al Partido Demócrata ha sido el solvente en el que la fe de innumerables católicos, muchos políticos prominentes entre ellos, se ha disuelto.

Una cosa que cambió con las elecciones del 2016 es el abrazo cada vez más obvio de los demócratas a las expresiones más radicales a cosas que la mayoría de los católicos – sin mencionar a otras personas de buena voluntad - se sienten, al menos, incómodos. La máscara se ha caído para que todos vean. En realidad, ha sido ya durante algún tiempo, pero parece haber una mayor urgencia entre los demócratas para hacer incomodo a cualquier persona con el más mínimo vestigio de moral cristiana tradicional.

Se podría decir que aquellos que controlan el partido del burro se radicalizaron lentamente al principio, y luego repentinamente. Se testigo de lo rápido que ha ocurrido el cambio en el punto de vista de la sexualidad humana normativa. Parece que fue ayer que las uniones civiles -no el matrimonio gay, las uniones civiles- estaban siendo objeto de un caluroso debate en lugares como Massachusetts y Vermont. Avance rápido hasta hoy y Elizabeth Warren nos informa que, si gana la presidencia, a quien quiera que designe para ser su secretario de educación será entrevistado, examinado y sujeto a aprobación por un estudiante trans de nueve años. ¿Qué? ¡Y ella nos dice que la prisión en la que un hombre que piensa que es una mujer está encarcelado es uno de los problemas más importantes a los que nos enfrentamos hoy! Que ocurrió con "Es la economía, estúpido." Aparentemente en el 2020, es vivienda para trans convictos.

Pero no es sólo que están locos. Eso sería meramente humorístico si su locura no tuviera consecuencias trágicas y si no afectara nuestras vidas. ¿Qué, uno se pregunta, hizo que tantos trabajadores católicos demócratas de la vieja escuela votaran por Trump en el 2016 y probablemente volverán-y ciertamente deberían provocar que muchos más, incluyendo hispanos-a hacerlo en el 2020? Los demócratas católicos se "despertaron". Eso es lo que sucedió. No "despertar" en el lenguaje normal de ese nuevo término fresco (busque si es necesario), pero "despertar" a la locura de los demócratas a nivel nacional, como se ve reflejado en la naturaleza verdaderamente malvada de sus puntos de vista sobre las cuestiones de la vida y la naturaleza cada vez más totalitaria de sus puntos de vista frente a la libertad religiosa. Además de la hostilidad absoluta del liderazgo demócrata al cristianismo tradicional, muchos demócratas católicos también se despertaron al hecho de que Donald Trump está, de hecho, más cerca de sus creencias en asuntos económicos y de política exterior que cualquier otra persona que alguno de los partidos nominaría. Donald Trump fue y es el candidato republicano que, en cierto sentido, les dio permiso de dejar el manicomio. Uno se pregunta si el 2020 será el año en el que Kristen Day y los millones como ella finalmente toman "no" como respuesta.[12]

Las elecciones del 2016 fueron, y esto no es una exageración, un verdadero punto de inflexión en la dirección moral de nuestro país. Dicho simplemente, si Hillary Clinton hubiera ganado, la capacidad de los católicos para practicar y vivir su fe se habría reducido cada vez más. El dogma demócrata lo exige. A medida que avanza la normalización de los puntos de vista más extremos de los derechos al aborto y la más intolerante "tolerancia forzada" de la agenda LGBTQ, considera cuánta libertad religiosa se ha perdido ya y cuánto más se habría perdido si los demócratas radicales hubieran conservado el poder.

---

[12]   Dado el tenor de una pieza de opinión que más tarde escribió, parece que este es el año. Kristen Day, "Kristen Day: Buttigieg and 2020 hopefuls, don't cancel 21 million pro-life Dems si quieres vencer a Trump", *Fox News*, 7 de febrero de 2020, https://www. foxnews.com/opinión/ buttigieg-2020-21-million-pro-life-dems -beat-trump.

Organizaciones católicas, como Catholic Charities en Boston hace varios años, han sido expulsadas del proceso de adopción por no estar dispuestas a colocar a niños con parejas homosexuales. Con la aprobación de Obamacare y su mandato de anticoncepción, las Hermanitas de los Pobres (¡las Hermanitas de los Pobres por el amor de Dios!) y otros grupos tuvieron que ir a los tribunales para que se les permitiera no violar sus conciencias ofreciendo cobertura anticonceptiva. El presidente Trump ha expresado su apoyo a las hermanas tanto en palabra como en hechos.

Los siguientes son pensamientos sobre Donald Trump a la luz de algunos temas particulares que deberían de tener alta importancia en el proceso de toma de decisiones de cualquier católico cuando llegue el momento de votar. En realidad, de eso se trata todo el libro, pero el aborto y la libertad religiosa llevan una mención especial.

Aborto

Que nazcan todos los bebés. Entonces
ahoguemos a los que no nos gustan.[13]

G. K. Chesterton

Cuando G. K. Chesterton, ese gran "apóstol del sentido común", escribió estas palabras, estaba haciendo un punto en un momento en que nadie consideraría hacer tal cosa, o al menos lo reconocería por el barbarismo que es. Ojalá hubiera

---

[13] G. K. Chesterton, "Babies and Distributism", GK's *Weekly*, November 12, 1932.

previsto el futuro (tal vez lo hizo) y vislumbrado el paisaje moral de hoy cuando esa voluntad de permitir, incluso celebrar como un derecho sagrado, el matar a los más inocentes e indefensos entre nosotros es precisamente la postura de un número no insignificante de demócratas prominentes, aunque ahogar no es el método preferido. Una diferencia de pocas pulgadas en una dirección u otra en el canal del parto no hace un centavo, ni tampoco el argumento de que los abortos tardíos son raros, que puede ser verdad porcentualmente, pero no en términos de números absolutos. Uno es demasiado una vez que lo ves por lo que es.

La simple voluntad de aprobarlo es espantosa, al igual que el extremo al que algunos individuos toman este supuesto derecho a elegir. Observa los sentimientos repugnantes expresados por el gobernador de Virginia con respecto al infanticidio como lo llamó con razón el presidente Trump. Considera que la plataforma misma del Partido Demócrata apoya el aborto sin restricciones hasta el momento del nacimiento; ¿Debemos nosotros los católicos subsidiar este barbarismo? Los demócratas realmente son, como Trump los etiqueta, "el partido del aborto en el tercer trimestre". No hay más que decir de las profundidades a las que los demócratas se han hundido; pero ¿qué hay del presidente Trump?

Sobre el aborto, el asesinato del niño por nacer en el útero, Donald Trump tenía cierto camino por recorrer. No era un pro-vida de toda la vida. Tradicionalmente nunca se le ha considerado como un hombre religioso. Y, sin embargo, por la razón que sea, él ha sido el mejor amigo que han tenido en la Casa Blanca los niños no nacidos de todo el mundo desde

Roe v. Wade. Se comprometió a nombrar jueces pro-vida, y lo cumplió. Uno fuertemente pro-vida en Neil Gorsuch y otro, aunque parece que tal vez en menor grado, en Brett Kavanaugh. Si es elegido para un segundo mandato, el presidente, tal vez, tendrá oportunidad de nominar a otro juez a la Corte Suprema.

Y no es sólo a nivel de la Corte Suprema; en efecto, ha rehecho el poder judicial federal nombrando a casi doscientos jueces, la gran mayoría de los cuales se espera que respetarán la constitución y serán amigables con la causa pro-vida y la causa de la libertad religiosa.

Él fue el primer presidente en dirigirse directamente a la Marcha por la Vida, la reunión anual de cientos de miles de gente pro-vida, para protestar las leyes actuales y orar por el fin del aborto; un evento cuyo verdadero tamaño ha sido minimizado y oscurecido durante años por los medios de comunicación. En el evento, el presidente dio un discurso conmovedor e hizo inequívoco el compromiso suyo y de su administración de revertir los avances pro-aborto de administraciones anteriores.

Él ha confrontado directamente a los medios de comunicación acerca de su apoyo al aborto; como la ocasión en la que le dio la vuelta a la situación con el presentador católico de MSNBC Chris Matthews. Matthews estaba tratando de atrapar al candidato Trump en el asunto de la criminalización del aborto; en cambio, él mismo fue puesto en su lugar, ya que el entrevistado se convirtió en el entrevistador cuando Trump le preguntó insistentemente a Matthews por qué el, si era católico, apoyaba el aborto. Lo puso en evidencia de una forma que no hemos visto hacer a un obispo, lo cual por cierto es una cosa trágica.[14]

Estos son sólo algunos de los esfuerzos del presidente Trump en nombre de la causa pro-vida.

- Desde su primer día en el cargo, el presidente Trump ha tomado medidas históricas para proteger la santidad de cada vida americana.
- El presidente Trump ha instado al congreso a aprobar la legislación prohibiendo la horrenda práctica del aborto de terminación tardía.
- El año pasado, el presidente Trump tomó medidas para poner fin a las investigaciones subsidiadas por el gobierno federal que utilizan tejidos fetales provenientes de abortos.
- Poco después de asumir el puesto, el presidente Trump emitió un memorándum estableciendo y ampliando la "Política de la Ciudad de Mexico", prohibiendo la financiación a organizaciones que proporcionan abortos en el extranjero.
- La administración Trump emitió una regla que impide que los fondos de planificación familiar del Título X apoyen a la industria del aborto.
- El presidente Trump se convirtió en el primer presidente en dirigirse a la manifestación anual de la Marcha por la Vida.[15]

---

[14]   Para obtener detalles más completos de los logros pro-vida de Trump, consulte el apéndice 1 al final del libro.

[15]   "President Donald J. Trump Is Devoted To Protecting American Freedoms and Promoting American Values," The White House, February 4, 2020, https://www.whitehouse.gov/briefings-state ments/

Sin embargo, no es sólo la cuestión del aborto sobre la que la opción para los católicos no podría ser más clara. El mismísimo derecho a practicar libremente nuestra fe parece estar, por todas las indicaciones de acontecimientos pasados, posturas oficiales y declaraciones públicas, en conflicto con los principios del Partido Demócrata y de todo el sesgo de la cultura bajo su administración.

Sexualidad Humana y Libertad Religiosa

Se podría suponer que la libertad religiosa significa que todo el mundo es libre de hablar de religión. En la práctica significa que a casi nadie se le permite mencionarlo.[16]

G. K. Chesterton

Chesterton no sabía ni la mitad de lo que vendría...o tal vez sí. G. K. tenía algo del profeta en él. Durante toda nuestra vida como lectores adultos, la cuestión del lugar de la religión en la "plaza pública" ha sido un tema de debate candente en muchas revistas; de hecho, una revista prominente fue fundada con el objetivo específico de abogar por un lugar en ese espacio. Muchos de nuestros mejores escritores han tomado audazmente pluma en mano y han escrito sabios y eruditos -y en gran parte no leídos- ensayos y libros sobre el tema. Y durante todo este tiempo solo hemos perdido terreno. A uno

---

president-donald-j-trump-is-devoted-to-protecting-american
-freedoms-and-promoting-american-values/.

[16] G. K. Chesterton, "The Shadow of the Sword," in *The Autobiography of G. K. Chesterton.*

le gustaría llamarlo una valiente acción de retaguardia, pero en realidad, ha sido una tremenda derrota. Y luego, justo cuando todo parecía perdido, a la distancia se oyeron los débiles sonidos de una corneta. ¿Seria? ¿Podría ser posible? ¿La caballería viene al rescate?

Lo era, pero el comandante de esa caballería era Donald Trump, por lo que nuestra élites intelectuales y religiosas lo rechazaron al principio porque era… ¿grosero? ¿por qué estaba en su tercer matrimonio? ¿estas personas no tienen amigos y parientes que tengan historias matrimoniales complicadas? ¿porque una vez tensó bajo las cuerdas a Vince McMahon en un evento de WrestleMania y luego le rasuró el pelo a ese empresario de la WWE? La gente que rechazó a Donald Trump estaba demasiado dispuesta a creer lo peor del hombre. Era como si Custer, en el mismísimo momento de su legendaria última resistencia, hubiera declinado la asistencia de un destacamento enviado a rescatarlo a él y a sus tropas porque el tipo a cargo de la fuerza de socorro le gustaba ir a una cantina de vez en cuando; una mala analogía, por cierto, ya que Trump nunca ha bebido una gota del alcohol en su vida.

Se puede suponer con seguridad que el general Custer -si hubiera comenzado a menospreciar y rechazar a las fuerzas amigas recién llegadas diciendo: "¡Yo puedo solo!"—habría sido ignorado por sus tropas, al menos por aquellos que aún no habían sido descabellados. Del mismo modo, los "Nunca Trump" fueron ignorados por los "Deplorables" el día de las elecciones del 2016.

El hombre al que se caracterizó como demasiado crudo, demasiado profano, demasiado bombástico, demasiado lo que sea por los "Caballeros del Teclado", como Ted Williams se refirió con desprecio a los escritores deportivos de su día, ha resultado ser el líder de la caballería que la gente religiosa en este país necesitaba todo este tiempo; el problema era que estábamos buscando en todos los lugares equivocados. Aparentemente, no pudo ser encontrado en las oficinas editoriales y "think tanks" o en los pasillos del congreso o en las cancillerías. No, fue encontrado, crease o no, en el "reality TV". Dios realmente trabaja de manera misteriosa.

El hecho es que Donald Trump ha resultado ser un tan firme defensor de la libertad religiosa en los Estados Unidos como podríamos haber esperado en esta época.

Además de los logros con respecto al aborto ya detallados y ampliados en el Apéndice 1, considere los resultados concretos de la administración Trump relacionados con la libertad religiosa en el frente doméstico:

- En el 2017, el presidente Trump firmó una orden ejecutiva para promover la libertad religiosa, restaurando los ideales que han sostenido a nuestra nación desde su fundación.
- El presidente tomó medidas para asegurar que los americanos y organizaciones no se vean obligados a violar sus creencias religiosas o morales para cumplir con el mandato anticonceptivo de Obamacare.
- El Departamento de Salud y Servicios Humanos (HHS) estableció una nueva división de Conciencia y Libertad Religiosa para ayudar a dirigir los esfuerzos de la agencia para proteger la libertad religiosa.
- HHS tomó medidas para proteger el derecho de las

organizaciones de atención médica a actuar de acuerdo con su conciencia.

• Este año, la administración finalizó una regla que provee más flexibilidad para los empleados federales cuyas creencias religiosas requieren que se abstengan de trabajar en ciertos días.

• La administración ha defendido inequívocamente la libertad religiosa en los tribunales.[17]

Si bien el presidente Trump ha sido muy activo y solícito al tratar de proteger la libertad religiosa, él no es católico. Con respecto a un tema como el matrimonio gay, no se puede decir que mantenga la opinión católica, ya que no parece tan preocupado por la normalización de las relaciones homosexuales, pero, la verdad sea dicha, si somos realistas, debemos reconocer que ese arroz ya se coció al menos por el momento. Como verás en la lista de logros en el Apéndice, el autor de esa lista incluye el nombramiento de embajadores homosexuales y los esfuerzos para ejercer presión para descriminalizar los actos homosexuales en otras naciones.

Dicho esto, la postura de la Iglesia Católica es que cualquier actividad sexual fuera del matrimonio entre un hombre y una mujer es pecaminosa; la postura de la Iglesia no es que los actos sexuales consensuales, ya sean de naturaleza heterosexual u homosexual, deben ser criminalizados. Es cierto que Trump, al menos políticamente, no está "con" la Iglesia en el

---

[17]   "President Trump is Committed to Protecting Religious Freedom 23 de septiembre, 2019, https://www.whitehouse.gov/briefings in the United States and Around the World," The White House, -statements/president-trump-committed-protecting-religious-freedom-united-states-around-world/.

matrimonio homosexual y parece considerar que la ley está ya establecida; sin embargo, en esto él es mucho mejor que cualquiera que los demócratas nominen y tan bueno como el mejor republicano en términos de lo que realmente se puede lograr. De hecho, probablemente sea mejor, ya que ha demostrado el valor y la capacidad política para crear un espacio sólido para la libertad religiosa y para designar los tipos de jueces que pueden mirar con ojos cínicos al activismo judicial por el cual se han hecho tantas diabluras.

En administraciones anteriores, habría que ser ciego para no haber notado un totalitarismo creciente en contra de los valores cristianos tradicionales, tanto que parecía cada vez más que se nos permitía que esas creencias y valores informaran la forma en que vivimos nuestras vidas, organizamos nuestras escuelas parroquiales y llevamos a cabo nuestras actividades caritativas sólo en la medida en que *ellos,* "la policía de la tolerancia", nos permitía. Bajo Trump, tenemos una oportunidad de luchar para que se nos permita educar a nuestros hijos y llevar a cabo nuestras obras de caridad como *nosotros* creamos que sea conveniente. Si no nos crees, este puede ser un buen momento para leer o volver a leer el prólogo excepcional del Padre Pavone. En él se cuenta la historia desde una perspectiva en primera persona.

Incluso los católicos menos activos y no practicantes que conocemos parecen reconocer que la izquierda continúa empujando e impulsando las posiciones más radicales; ambos autores conocen a muchos demócratas católicos e independientes que son fans de Donald Trump como resultado del radicalismo de los demócratas.

Aun así, los católicos podemos apelar al presidente Trump

para que respete aquellas sociedades tradicionales que aún no han sucumbido a la propaganda LGBTQ y la campaña de presión para reconocer el matrimonio entre personas del mismo sexo contra la voluntad de la gente, porque recuerden, este cambio social tan trascendental se llevó a cabo judicialmente, no legislativamente, en la mayoría, si no en todos los lugares. El movimiento de presión LGBTQ es tanto una parte del globalismo como cualquier otra cosa. Hay mucha diferencia entre el apoyo a la descriminalización y la presión para anular las normas culturales del matrimonio tradicional contra la voluntad del pueblo.

El papel de los jueces y aquellos a quienes Trump está nombrando

Y finalmente, como mencionamos antes, en la lucha por la libertad religiosa y la lucha por la vida, Donald Trump está logrando grandes avances en el frente judicial. Con la ayuda y asesoramiento de destacados católicos pro-vida como Leonard Leo, ha logrado hasta la fecha nominar a casi doscientos sólidos constitucionalistas a los tribunales. Estos hombres y mujeres, y los que nominará en el futuro, desempeñarán un papel importante en la protección de la vida, así como nuestra libertad de ser católicos, de educar a nuestras familias como creamos conveniente, y de tener un espacio en la plaza pública. En comparación con lo que ofrecen los demócratas…en fin, no importa, no hay comparación.

El discurso

En 2016, Donald Trump se dirigió a una multitud masiva en un evento de su campaña en Florida. Una versión abreviada de ese discurso fue editada, se le añadió música y ahora circula en internet bajo el título "This Speech Will Get Donald Trump Elected" (Este discurso va a hacer que Donald Trump sea elegido), y así sucedió, o al menos las ideas expresadas en él encontraron una audiencia entusiasta en todo el país.

Este es una obra maestra de retórica política, mencionando sus temas principales abiertamente y sin excusas, y criticando al "corrupto *establecimiento* político" en general y a la "máquina Clinton" en particular. Aquí está el URL de ese discurso, o puede ser más fácil o confiable simplemente buscar "this speech will get Donald Trunp elected": https://www.youtube.com/watch?v=szaKnOhJbow&t.

NUESTRO movimiento consiste en reemplazar un establecimiento político fallido y corrupto por un nuevo gobierno controlado por ustedes, el pueblo americano. El *establecimiento* de Washington, y las corporaciones financieras y de medios de comunicación que lo financian, existe por una sola razón: protegerse y enriquecerse.

El *establecimiento* tiene trillones de dólares en juego en estas elecciones. Para aquellos que controlan las palancas del poder en Washington y para los intereses especiales globales con los que se asocian, estas personas que no tienen su bien en mente.

Nuestra campaña representa una verdadera amenaza existencial como nunca antes han visto. No se trata simplemente de otras elecciones de las de cada cuatro años. Esta es un punto de inflexión en la historia de nuestra civilización que determinará si nosotros, el pueblo, recuperamos el control sobre nuestro gobierno.

El *establecimiento* político que está tratando de detenernos es el mismo grupo responsable de nuestros desastrosos acuerdos comerciales, la inmigración ilegal y las políticas económicas y de relaciones exteriores que han desangrado a nuestro país.

El *establecimiento* político ha provocado la destrucción de nuestras fábricas y nuestros puestos de trabajo, que huyen a Mexico, China y otros países de todo el mundo.

Es una estructura de poder global que es responsable de las decisiones económicas que han robado a nuestra clase trabajadora, despojado a nuestro país de su riqueza, y ha puesto ese dinero en los bolsillos de un puñado de grandes corporaciones y entidades políticas.

Esta es una lucha por la supervivencia de nuestra nación, y esta será nuestra última oportunidad para salvarla. Esta elección determinará si somos una nación libre o si la democracia es sólo una ilusión y en realidad estamos controlados por un pequeño grupo de intereses especiales globales que manipulan el sistema, y nuestro sistema está corrompido. Esta es la realidad. Tú lo sabes, ellos lo saben, yo lo sé, y casi todo el mundo lo sabe. La "Máquina Clinton" está en el centro de esta estructura de poder...

...Hemos visto esto de primera mano en los documentos de WikiLeaks en los que Hillary Clinton se reúne en secreto con bancos internacionales para planear la destrucción de la soberanía americana con el fin de enriquecer a estos poderes financieros globales, a sus amigos de intereses especiales y a sus donantes.

Honestamente, debería ser encarcelada. El arma más poderosa de los Clinton son los medios de comunicación, la prensa. Seamos claros en una cosa: los medios de comunicación de nuestro país ya no están involucrados en el periodismo.

Son un interés político especial igual que cualquier otro, con una agenda política clara, y esa agenda no te incluye a ti; es solo para ellos mismos.

Quienquiera que desafía su control es considerado un sexista, un racista, un xenófobo. Ellos mentirán, mentirán, mentirán, y luego harán cosas peores que eso. Harán lo que sea necesario. Los Clinton son unos criminales. Recuerda eso.

Esto está bien documentado, y el *establecimiento* que los protege ha participado en un encubrimiento masivo de actividades criminales en el Departamento de Estado y la Fundación Clinton con el fin de mantener a los Clinton en el poder.

Ellos sabían que mentirían acerca de mí, de mi familia y de mis seres queridos. Sabían que no se detendrían ante nada para tratar de detenerme. Sin embargo, yo tomo todos estas balas y flechas con mucho gusto por ustedes. Las tomo por nuestro movimiento, para que podamos tomar a nuestro país de vuelta.

Yo sabía que este día llegaría. Era sólo una cuestión de cuándo, y sabía que el pueblo americano se elevaría por encima de esto y votaría por el futuro que se merece.

Lo único que puede detener esta máquina corrupta eres

tú. La única fuerza lo suficientemente fuerte para salvar a nuestro país somos nosotros. La única gente lo suficientemente valiente como para votar fuera a este corrupto *establecimiento* son ustedes, el pueblo americano. Nuestra gran civilización ha llegado al momento de la verdad.

Amigos, yo no necesitaba hacer esto, créanme. Construí una gran empresa y he tenido una vida maravillosa. Podría haber disfrutado de los frutos y los beneficios de años de negocios exitosos en lugar de pasar por este espectáculo de terror absoluto, de mentiras, engaños, y ataques maliciosos. ¿Quién lo hubiera pensado? Lo hago porque este país me ha dado mucho y siento profundamente que es mi turno de devolver algo al país que amo.

Hago esto por la gente y por el movimiento, y recuperaremos este país por ustedes, y haremos a América Grandiosa Otra Vez.[18]

---

[18]   Transcripción de "Speech that made Trump President", Trollitics, video, 5:37, 9 de noviembre de 2016, https://www.youtube.com/watch?v=szaKnOhJbow&t=.

1

AMOR

El más grande de ellos es el amor.

1 corintios 13:13

Wow. Qué grupo. Qué grupo. Sí, gracias. Muchas gracias. Gracias, amigos. Gracias, amigos. Es genial estar aquí en Florida, que nos encanta.[19]

Estas frases fueron pronunciadas por Trump al comienzo de ese discurso, pero no está incluida en la versión de video editada, la transcripción de la cual acabas de leer. ¿Por qué empezar aquí? Después de todo, esto es sólo el agradecimiento típico a los aplausos que alguien ofrece al comienzo de un discurso, junto con un quién sabe qué tan sincero, aparentemente estándar, afirmación de amar a la audiencia. ¿No es así?

¿Pero sabes qué? Donald Trump si es sincero. Ama a Florida y a los floridanos, ya que ama a Estados Unidos y a los americanos, los promedio, no sólo a los que "cuentan" para los intereses especiales. De hecho, eso es lo más llamativo de

---

[19] "Speech: Donald Trump – West Palm Beach, FL – October 13, 2016," Factbase Videos, video, 46:36, October 23, 2017, https://youtu.be/RSw0yMFuPRk.

su notable campaña e improbable victoria: el palpable, genuino, obvio y muy real amor que existe entre ese hombre y las personas que acuden en los cientos de miles para animarlo.

Trump es un hombre que ama profundamente: a su familia, a su país, a sus partidarios y, sí, creemos, a Dios. ¿Por qué más habría sacrificado tanto? sometiéndose a sí mismo y a su familia a los ataques brutales de los medios de comunicación y del partido de la oposición—y han sido crueles— manteniéndose firme ante las absurdas y desacreditadas acusaciones de colusión con Rusia, el intento de destitución fabricado que fracasó miserablemente, y el intento de golpe de estado que está en proceso de ser revelado por el Inspector General Horowitz, el Fiscal General Barr y el Fiscal Nacional Durham.

Este amor no es oportunista. Es evidentemente *real,* a diferencia de esa especie de amor tan raro expresado por tantos políticos. Todo acerca de Donald John Trump muestra su amor por el hombre pequeño, el "Joe promedio", independientemente de las mentiras acerca de él llevadas a cabo por las élites, una clase a la que el pertenece en virtud de su riqueza y entre las que él puede moverse, pero para quien tiene una afinidad limitada. No, este es un hombre del pueblo, sobre quien las élites de las costas y las clases políticas miran hacia abajo. (Si dudas de esa afirmación, busca viejos clips de la WWE en internet. Parece que "El Donald" siempre ha tenido "el toque común.") La prueba número 1 en apoyo de la profundidad de ese amor podría ser simplemente la ferviente manera en que es correspondido.

Los mítines de Trump se han convertido en un fenómeno cultural por sí mismos, tanto en persona como en la televisión. Cuando él está ahí, delante de decenas de miles de sus partidarios, él está en su elemento. Sus "mejores" en política se burlan de él y le llaman el "no presidencial". Y, en cierto sentido, tienen razón. Él es poco presidencial y como ningún político que hayamos visto recientemente. No se basa en grupos de sondeo y mensajes probados para engañar a las personas que ama. El ama demasiado para hacer eso.

Pero con los líderes mundiales él es ciertamente presidencial. Observa sus interacciones con ellos. Él rápidamente establece una conexión, y parece haber un respeto y afecto genuino entre Donald Trump y muchos de sus homólogos. ¿Viste alguna cobertura de su viaje a la India o de sus otras visitas oficiales? Por supuesto, hay algunos que podrían describirse como sus adversarios políticos. Aun así, incluso con ellos, es eminentemente presidencial. Este es un líder de hombres que puede moverse eficazmente en mundos muy diferentes y en diferentes escenarios. Sabe que un mitin de Trump no es el mismo ambiente que una cena oficial de estado.

Recuerda que después de que Obamacare fue aprobado, uno de los arquitectos de esa ley en la administración de Obama fue capturado en video diciendo en una mesa redonda: "La falta de transparencia es una gran ventaja política... llámelo la estupidez del votante americano o lo que sea, pero básicamente eso fue muy, muy esencial para que la ley pasara".[20]

---

[20]   Elise Viebeck, "ObamaCare architect: 'Stupidity' of voters helped bill pass", *The Hill*, 10 de noviembre de 2014, https://thehill.com/policy/healthcare/223578-obamacare-architect-lack-of-transparency-helped-law-pass.

Así no es como tratas a un público al que dices amar. No. A los que amas les dices la verdad, y Trump ha estado diciendo la verdad acerca de la política estadounidense durante el tiempo que ha estado en vida pública. Busca viejas entrevistas de él en los años 80. Sus "puntos de conversación" eran los mismos en ese entonces porque no son "puntos." Son creencias profundamente arraigadas en una sólida comprensión de las realidades económicas y políticas mundiales. El vio venir el desastre de las últimas décadas y el empobrecimiento de là manufactura y el prestigio estadounidense. Sin duda, también sabía lo que esperaba a la clase trabajadora de este país.

2

MAIN STREET CONTRA WALL STREET

Todo el mundo debe ser capaz de extraer del trabajo
los medios para proveer para su vida y la de su
familia, y para servir a la comunidad humana.

Catecismo de la Iglesia Católica 2428

El establecimiento político que está tratando de detenernos es el mis-
mo grupo responsable de nuestros desastrosos acuerdos comerciales,
la inmigración masiva, y de las políticas económicas y exteriores que
han desangrado a nuestro país. El establecimiento político ha provo-
cado la destrucción de nuestras fábricas y nuestros puestos de trabajo,
que huyen a México, China y otros países de todo el mundo.[21]

TAL vez ningún otro aspecto de su campaña y su presidencia captura el amor genuino que Donald Trump tiene por el pueblo americano que su enfoque en la economía y su implacable empuje para restaurar la posibilidad de prosperidad

---

[21]   Transcript of "Speech that made Trump President," Trollitics, video, 5:37, November 9, 2016, https://www.youtube.com/watch?v=szaKnOhJbow&t=.

para todos los ciudadanos de la nación. Mientras se escriben estas palabras, los líderes demócratas de la cámara de representantes están promoviendo su caso para destituir al presidente en la cámara del senado de los Estados Unidos. En cruda yuxtaposición, el presidente Trump estuvo hace poco en Davos, Suiza, diciendo al Foro Económico Mundial que su prescripción de "América Primero" está funcionando aquí y puede funcionar para otros países también; que la estructura económica global ha favorecido a una élite económica global (precisamente la gente a la que se estaba dirigiendo) a costo de los ciudadanos de todos y cada uno de los países. Para darle énfasis a dos frases sobre utilizadas en la misma oración, Trump le está diciendo la verdad al poder en el vientre de la bestia, y está haciéndolo de su propia inimitable manera y con tremendo éxito. Cuando Donald Trump habla sobre la economía, el comercio y la manufactura, está realmente como pez en el agua, no importa en qué país se encuentre. El viejo adagio "¡Es la economía, estúpido!" (atribuido al asesor de Bill Clinton James Carville) aunado a su capacidad para articular el problema y su solución fue, de hecho, la clave de su victoria.

En lugares como la zona del carbón -donde Hillary tuvo el notablemente mal juicio de hablar de su "guerra contra el carbón"-, en las antiguas ciudades de molinos de Nueva Inglaterra, donde la crisis del opio está deshaciendo a las poblaciones que aún viven en medio de las ruinas, en los otrora bulliciosos centros manufactureros del medio oeste que ahora son parte de lo que con razón se le llama "cinturón oxidado," y entre la gente como la descrita por Michael Moore-"Joe Blow, Billy Bob Blow, todos los Blows"- el hecho de que la otrora gran clase media de este país ha sido diezmada bajo las administraciones tanto republicanas como demócratas en las últimas décadas, con algunos momentos aquí y allá cuando parecía que tenían una oportunidad de lucha, hizo el mensaje de Trump de reconstruir la base de manufactura del país, manteniéndonos fuera de "acuerdos" comerciales que solo enriquecieron a Wall Street a expensas de Main Street, la renovación del código tributario, y la reducción de regulaciones onerosas, dio *esperanza* a muchos para quienes esa virtud ha prácticamente desaparecido en los últimos años.

Uno de los más agudos y bien informados de los comentaristas acerca de las políticas económicas de la administración Trump y el drama actual que se desarrolla en nuestro país usa el apodo de *Sundance* y escribe en el blog *El último refugio*. Basado en varias publicaciones realizadas alrededor de Navidad y Pascua cada año por un colaborador llamado *Menagerie*, uno se pregunta si el propio Sundance no es católico. Aquí explica en términos comunes cómo Trump difiere del político americano promedio de ambos partidos:

> El argumento más fuerte en contra de las políticas comerciales y económicas de los EE.UU. en los últimos 30 años ha sido su resultado. No necesitamos adivinar cuáles son los pros y los contras de la postura de la Cámara de Comercio de los Estados Unidos, los estamos viviendo. No necesitamos adivinar lo que la economía de Wall Street ofrece, estamos viviendo a través de ello.

Durante los últimos 30 años, los EE.UU. han perdido puestos de trabajo, los salarios se han deprimido y la clase media ha sufrido a través de la implementación de una política comercial que ha destruido la base manufacturera de los Estados Unidos. Nada de esto está en duda, los resultados los tenemos en frente, sin embargo, Wall Street y los clubes corporativos multinacionales (la Cámara de Comercio de EE.UU. principalmente entre ellos) ahora exigen una continuación de la misma.

Las políticas económicas y comerciales de la administración Trump son adversas a esos intereses. Como hemos compartido durante varios años, el candidato Trump, ahora presidente Trump es una amenaza existencial para el programa multinacional.[22]

Lee ese primer párrafo otra vez. Simplemente afirma, en palabras diferentes, que el *establecimiento* no tiene ropa cuando se trata de la economía americana. Los "expertos" de ambos partidos nos han dicho durante más de treinta años que los acuerdos comerciales organizados a nivel mundial hacían ganadores a ambas partes, que cualquier trabajo de manufactura o minería de alto salario podría ser fácilmente reemplazado a través de "reentrenamiento" o por un emocionante trabajo en la nueva economía de "servicio" -que a menudo,

---

22   Sundance, "Prepare—MAGAnomics Is The Battle—The Restoration of a Balanced Economy is The Goal," The Last Refuge (blog), 1 de marzo, 2018, https://theconservativetreehouse.com/2018/03/01/prepare-maganomics-is-the-battle-the-restoration-of-a-balanced-economy-is-the-goal/.

en la práctica, significaba limpiar mesas o servir como representante de servicio al cliente por diez dólares la hora-, que la clausura de la fábrica en su ciudad trasladándola a México o a China eran parte del glorioso proceso del libre comercio, una parte conocida como "destrucción creativa". Cualquiera que conduzca por las antiguas zonas industriales de nuestro país podría ser perdonado por pensar que lo que obtuvimos fue un poco demasiado pesado en la destrucción y un poco demasiado ligero en lo creativo. Para aquellos lo suficientemente viejos como para recordar la canción de Billy Joel "Allentown", en ella se cuenta la historia bastante bien. Escúchala, especialmente si no eres lo suficientemente viejo para recordarlo. El video pinta un panorama deprimente de la pérdida de buenos empleos en la industria siderúrgica, el crecimiento resultante de un entorno de asistencia social, el daño que este entorno hace al alma, y los estragos que causa en las familias.

La economía bajo la cual el americano promedio ha sufrido y visto su nivel de vida declinar en las últimas décadas es una visión contra la cual Donald Trump ha emprendido una guerra retorica durante treinta años. En resumen, Donald J. Trump es, simple y sencillamente, un aliado de la clase trabajadora americana. Sí, es rico; sí, es ostentoso; sí, hace alarde de su riqueza y todo lo que brota de ella, —sí, sí, sí, mil veces sí— y sin embargo realmente ama al hombre y a la mujer trabajadora. Al igual que la Iglesia Católica.

La Iglesia Católica en los Estados Unidos fue, durante muchos años, *la* defensora de la clase trabajadora, un hecho que se mantuvo tanto porque la gran mayoría de los católicos étnicos que llegaron a este país formaban parte de esa clase trabajadora y porque la Iglesia Católica, mediante la aplicación de la enseñanza de Cristo expresada en la auténtica doctrina social de la Iglesia, ha servido, cuando se le escucha, como una levadura en todas las sociedades en las que está presente, una levadura que siempre y en todas partes ha servido para aliviar el sufrimiento de los pobres, aunque a menudo imperfectamente.

Ciertamente, los católicos bien versados en los puntos más finos de esa doctrina social pueden o no estar de acuerdo en cuanto a la mejor manera de implementarla o, más exactamente, como aplicar sus principios en una sociedad en específico.

Lo que llama la atención de muchos observadores, sin embargo, es cómo, a lo largo de los años, uno de los dos "sistemas" a los que se opone la Iglesia ha llegado a ser abrazado por muchos católicos. En una especie de diabólico "o uno u otro," socialismo o capitalismo desenfrenado -o una combinación poco saludable de los dos en forma de neoliberalismo adornado con el peor tipo de un capitalismo demagogo y un vasto estado de asistencia social- parecen ser las únicas opciones que nos ofrece el *establecimiento* político. La Iglesia condena a ambos sistemas; así es como lo hace en el *Catecismo*:

> La Iglesia ha rechazado las ideologías totalitarias y ateísticas asociadas en los tiempos modernos con el "comunismo" o el "socialismo". También se ha negado a aceptar, en la práctica del "capitalismo", el individualismo y la primacía absoluta de la ley del mercado sobre el trabajo humano. La regulación de la economía

mediante una planificación centralizada pervierte la
base de los lazos sociales; regulándolo únicamente por
la ley del mercado no cumple con la justicia social, ya
que "hay muchas necesidades humanas que no pueden
ser satisfechas por el mercado". Hay que elogiar   la
regulación razonable del mercado y las iniciativas
económicas, en consonancia con una jerarquía justa
de valores y una visión del bien común.[23]

Un socialismo total como el encarnado por Bernie Sanders
-prácticamente sólo en la escena nacional durante muchos
años y ahora reforzado por "el equipo" de Alexandria Oca-
sio-Cortes et al- está efectuando un retorno en el Partido
Demócrata en respuesta al ala globalista de libre comer-
cio/socialismo ligero/tecnócrata del partido, encarnada en
las últimas elecciones por Hillary Clinton. Por lo tanto,
la mayoría de los católicos que permanecen en el Partido
Demócrata se han convertido a lo largo de los años a una de
estas dos posturas.

Pero para que los republicanos del *establecimiento* -muchos
de los cuales son, o al menos lo fueron, "Nunca Trump-"
no traten de reclamar el título del partido exclusivo de la
enseñanza social católica, ellos, por la otra parte, han ido
cacareando acerca del "libre comercio global" y se han convertido en una maquina aduladora de la "mano invisible".
Ellos se opusieron a Trump con respecto a la economía cada
vez que pudieron; ellos apoyaron los acuerdos comerciales
que destriparon el "cinturón oxidado" y otros lugares; ellos le
dieron lecciones durante la campaña del 2016 y, más tarde,

---

[23]   CCC 2425.

sobre por qué los aranceles no funcionan; algunos se opusieron a su nominado para representante comercial, Robert Lighthizer, un nombre que usted debe saber, ya que él es el hombre que encabezó las negociaciones sobre los mayores acuerdos comerciales que este país ha visto: el Acuerdo de los Estados Unidos con México y Canadá (USMCA) para reemplazar el TLCAN (Tratado de Libre Comercio de América del Norte) y el acuerdo comercial con China. Tal vez el *establecimiento* republicano no era tan inteligente como se pensaban. Hay que darles crédito, ya que muchos se han convertido en firmes partidarios de Trump al ver que sus políticas funcionan en tiempo real.

Claramente, Donald Trump no es un socialista, aunque, como la Iglesia, reconoce un rol para el estado en la regulación de la economía. Para confirmar eso sólo hay que echar un vistazo superficial al Apéndice 2, que es una lista de sus logros. Una mirada pasajera a la lista deja claro que, como presidente, Trump no es reacio a un rol, incluso uno relativamente robusto, del estado en comparación con una posición libertaria. Aquellos que afirman que al recortar regulaciones Trump apoya un libre comercio radical son, o bien deliberadamente ignorantes, u honestamente no se dan cuenta de que las regulaciones hacen imposible que las pequeñas empresas de Main Street compitan con los "chicos grandes." La Iglesia es casi siempre precisa en sus enseñanzas, de tal forma que con frecuencia se puede identificar una palabra clave que califica una oración. ¿Cuál es la palabra clave en el siguiente pasaje del *Catecismo?* "Se debe elogiar la regulación razonable del mercado y las iniciativas económicas, de acuerdo con una jerarquía justa de valores y una visión del bien común." La palabra clave, al menos con respecto a la reglamentación, es "razonable".

Trump no busca remover todas y cada una de las regulaciones. Que haya quitado ocho (¿o son ya trece ahora?) por cada una que añade es indicativo de lo excesivamente regulada que era nuestra economía en lugar de lo radical que es Trump. Todas las indicaciones apuntan a una actitud hacia la regulación que está en consonancia con la enseñanza de la Iglesia. El reconoce un rol para el estado, pero las regulaciones excesivas han obstaculizado, si no lesionado, muchos aspectos de la economía y la riqueza común por muchos años.

Los esfuerzos de la administración Trump para eliminar las regulaciones excesivas han izado las velas, y la inversión está fluyendo de nuevo a los Estados Unidos -ayudados también por esos molestos aranceles que los adoradores de los desastrosos acuerdos comerciales de los últimos años nos dijeron que nunca funcionarían. Bueno, estaban equivocados; los aranceles están funcionando muy bien. Los Estados Unidos tienen mucha influencia en sus negociaciones comerciales con otros países. Trump, por alguna razón, es nuestro primer político en muchos años en usar esa influencia para ayudar a las personas que lo eligieron.

Podríamos seguir refinando nuestro entendimiento de este pasaje del *Catecismo*: "...en consonancia con una jerarquía de valores justa y la visión del bien común." Una jerarquía de valores justa, desde un punto de vista católico, le daría prioridad a la capacidad de las familias para mantenerse a sí mismas en lugar de depender del gobierno. Este no es el lugar para un ataque al estado de asistencia social que ha surgido, uno podría argumentar casi como una necesidad,

en respuesta a la destrucción de la base manufacturera y
a la desolación de los centros de las ciudades.[24] Pero si es
lugar para preguntar si la economía que el *establecimiento*
nos ha dado se ha derivado de una "jerarquía de valores
justa y una visión al bien común." O, más bien, ha sido el
resultado de una jerarquía de valores injusta y desordenada
y de una visión del bien particular de algunos, relativamente
pocos, "ganadores". Wall Street contra Main Street. Llámalo
irónico, si quieres, que el defensor de Main Street contra
Wall Street es, tal vez, el más famoso multimillonario en el
mundo.

Una vez más, Sundance:

> Piénsalo bien. *En términos generales.*
>
> Donald Trump está enfocado, intensamente enfo-
> cado, en Main Street, no en Wall Street. La era de
> la economía de Main Street, de que la clase media
> americana se convierte en el interés número uno de la
> política económica es ahora…
>
> Este es un cambio de paradigma fundamental. Una
> conversación acerca de cuál es el *mejor camino* para
> una empresa de Main Street ya que tiene un impacto
> directo en los empleos de la clase media.

---

[24] Por supuesto, el colapso de la familia y otros problemas sociales
también desempeñan su papel. También se podría argumentar que
el propio estado de asistencia social crea un círculo vicioso que
incentiva su continuación y crecimiento al inhibir la formación
sana de las familias. Pero, de nuevo, este no es el lugar para esa
discusión.

Esto es exactamente lo que el candidato Trump dijo que iba a hacer. No te quedes atrapado en la ceguera de los medios de comunicación, acéptalo por lo que es.

No es una hazaña sencilla desenredar la red histórica de externalización de utilidades corporativas (Wall Street). Muchos dirían que   es una tarea imposible, pero no elegimos a *muchos,* elegimos al único hombre que dijo que eso era precisamente lo que estaba dispuesto a hacer –enfocarse intensamente en la economía de Main Street.

Va a haber agentes internos adversos que tengan un interés en los beneficios de fabricación y producción globales. Esos agentes corporativos multinacionales van a estar en oposición a los intereses económicos nacionales, y el presidente Trump va a tener que navegar a través de sus esfuerzos de oposición tratando al mismo tiempo de compensar cualquier impacto negativo al pueblo americano.[25]

Sundance continúa describiendo cómo la influencia adquirida por K Street (es decir, cabilderos de intereses especiales que "compran" a políticos y legislación favorable y, a menudo, incluso la escriben) se ha expandido y cómo el enfoque de Trump centrado en Main Street está diseñado para destruir ese modelo corrupto que ha existido durante

---

[25]   Sundance, "Prepare—MAGAnomics Is The Battle—The Restoration of a Balanced Economy is The Goal," The Last Refuge (blog), 1 de marzo, 2018, https://theconservativetreehouse.com/2018/03/01/prepare-maganomics-is-the-battle-the-restoration-of-a-balanced-economy-is-the-goal/.

décadas en beneficio de unos cuantos y en perjuicio de muchos. Sundance, en lo que equivale a un minicurso en MAGAnomics explica:

> La eliminación de la reglamentación y el empoderamiento de la plena utilización de los recursos energéticos es el rápido inicio para carburar el motor económico interno. Otro aspecto es el uso de la política fiscal para infundir capital a la manufactura y la producción, al tiempo que hace que la inversión nacional a largo plazo sea el mejor camino para el rendimiento financiero. Los calendarios de amortización acelerada solo amplifican las posibilidades de retorno y de inversión.
>
> El regreso de los Titanes Industriales dará rienda suelta al verdadero emprendimiento empresarial donde la innovación y las habilidades americanas de desarrollo de productos son ventajas nacionales. Los americanos saben cómo pensar de forma independiente, la innovación está en nuestro ADN nacional.
>
> También tenemos la bendición de tener los recursos naturales necesarios para desarrollar plenamente una economía manufacturera renovada. La arquitectura e infraestructura subyacentes están aquí en nuestros propios patios traseros. Las posibilidades sólo se limitan a nuestra propia imaginación.
>
> Sin embargo, hay intereses adversos, corporaciones multinacionales, que siguen invirtiendo en el modelo de externalización americana. Junto con intereses extranjeros trabajarán para socavar cualquier cambio en el actual modelo económico que impulsa los

servicios, es decir, la "dependencia", que construyeron en los últimos 30 años.[26]

En una publicación posterior, Sundance hizo una profunda inmersión en los detalles de los efectos al consumidor americano causados por el sistema económico global y examinó los efectos esperados del programa económico del presidente Trump en el futuro. Vista previa: el resultado final será un cambio de dependencia a independencia, tanto en términos de la economía nacional como de la familia.

Su discusión sobre la Seguridad Social en la misma publicación explica el impulso general del plan económico de Trump.

> Para entender completamente cómo Donald Trump ve la solvencia de la Seguridad Social, debe entender su modelo económico y cómo describe el crecimiento.
>
> El problema con la Seguridad Social, como lo ve Trump, es más un problema con los ingresos y gastos. Si la economía americana en su conjunto está creciendo por un factor mayor que la distribución necesaria para cumplir con sus obligaciones de derecho, entonces no se necesita hacer ningún cambio significativo en la distribución. La atención debe centrarse en un crecimiento económico continuo y exitoso.
>
> Lo que encontrará en todas las posiciones de Donald Trump, es un cambio de paradigma que el entiende que **debe suceder** para lograr los objetivos a largo

---

[26]   Ibid.

plazo para el ciudadano americano en lo que se refiere a "derechos" o "beneficios estructurales".

Todos los demás candidatos comienzan sus propuestas políticas con una percepción fundamentalmente diferente de la economía americana. En sus propuestas ellos mantienen una perspectiva de una economía basada en "servicios"; un modelo económico basado en servicios.

Si bien este camino ha sido creado por décadas de política económica en los Estados Unidos, y es el único camino económico que hoy en día se enseña en las escuelas, Trump tiene la intención de cambiar el curso por completo.

Debido a que tantos cambios —empujones políticos— han tenido lugar en las últimas décadas, son pocos los académicos, y aún menos los observadores de los medios de comunicación, que son capaces de entender cómo salir de este camino y trazar un mejor curso.

El candidato Trump está proponiendo menos dependencia de las empresas extranjeras para los bienes baratos, (la piedra angular de una economía de servicios) y un retorno a un modelo económico más **balanceado** en el que la base manufacturera y de producción pueda restablecerse y *ser competitiva* en función del emprendimiento y la innovación americanas.

Las palabras clave de la declaración anterior son "dependencia" y "balanceado". Cuando una nación tiene un balance de producción industrial dentro del

PIB, hay mucha menos dependencia de la actividad económica en los mercados globales. En esencia, los EE.UU. pueden sostenerse, absorber las fluctuaciones económicas globales y expandirse o contraerse en base al libre mercado.

Cuando no hay balance, ya no hay un mercado libre. El libre mercado se sacrifica a favor de la dependencia, ya sea de petróleo o fabricación extranjeros, la dependencia resultante es esencialmente la misma. Sin balance hay una pérdida inherente de independencia económica y un consiguiente aumento de riesgo económico.

Ninguna otra economía en el mundo innova como la de Estados Unidos. Donald Trump ve esto como una ventaja clave en todas las industrias, incluyendo la fabricación y la tecnología.

El beneficio de la mano de obra barata en el extranjero, que es considerado una desventaja en el mercado global para los EE.UU., es balanceado haciendo uso de la innovación y la independencia energética.

El tercer costo variable más alto de los bienes, después de las materias primas y la mano de obra, es la energía. Si el sector energético en los EE.UU. se libera -y se desarrolla plenamente- el precio de fabricación de cualquier producto permitirá la competencia comercial en el mundo incluso con mayores costos salariales en los Estados Unidos.

Además, Estados Unidos tiene una ventaja estratégica clave con respecto a materiales de producción como: mineral de hierro, carbón, acero, metales preciosos y vastos activos minerales que se necesitan en la mayoría de los procesos de producción modernos. Trump propone que dejemos de vender estos valiosos activos nacionales a países contra los que competimos: le pertenecen al pueblo americano, deben usarse en beneficio de los ciudadanos americanos. Punto...

Cuando se combina el COMPLETO desarrollo de recursos (en una era moderna) con la eliminación de sistemas regulatorios y de conformidad onerosos, necesariamente llenos de enormes costos burocráticos, Donald Trump propone que podemos reducir el costo de producción y ser competitivos a nivel mundial. En esencia, Trump cambia el paradigma económico, y ya no nos convertimos en una nación dependiente que se basa en una economía de servicios.

. . .

Además, un beneficio incuantificable proviene de la inversión, donde el dinero inteligente -para obtener un mayor retorno de la inversión- se dedica a poner capital EN los Estados Unidos, en lugar de comprar acciones de empresas extranjeras.

Con todas las oportunidades ya mencionadas en mente, así es como nos ponemos en el camino de la reconstrucción de nuestra infraestructura nacional. La demanda de mano de obra aumenta, y como consecuencia también lo hacen los salarios que han permanecido fijos durante las últimas tres décadas.

A medida que aumentan los salarios, y a medida que la economía se expande, el modelo de dependencia gubernamental se remodela y, simultáneamente, los ingresos del tesoro de los Estados Unidos aumentan.

Más dinero en el tesoro de los EE.UU. y menos dependencia en los programas de asistencia social tienen un impacto exponencial cuando se combinan. Cuando ganas un dólar, y no tienes necesidad de gastar un dólar, la cantidad ahorrada se duplica. Así es como la Seguridad Social y los programas de red de seguridad son salvados en la administración del presidente Trump.

Cuando elevas tu pensamiento económico, comienzas a ver que todos los "derechos" o gastos se vuelven más asequibles con una economía que es completamente funcional.

Conforme el PIB de los EE.UU. se expande, nuestra capacidad para satisfacer la creciente necesidad de los trabajadores americanos que se retiran también se expande. Dejamos de pensar en cómo dividir mejor un pastel económico limitado, y comenzamos a pensar en cuántos   pasteles económicos más podemos crear.

En pocas palabras, comenzamos a.....

..... ¡Hacer a América Grandiosa Otra Vez![27]

Si tú, como un autodenominado demócrata católico, eres rabiosamente pro-aborto o si la promoción de la agenda

---

[27]   Sundance, "Wall Street, Main Street, and Global Economics With a Donald Trump Victory...," *The Last Refuge* (blog), 9 de noviembre, 2016, https://theconservativetreehouse.com/2016/11/09/wall-street-main-street-and-global-economics-with-a-donald-trump-victory/.

LGBTQ y la normalización de cosas como "drag queen story hour" están en los primeros lugares de tu lista de temas vitales para apoyar, probablemente no te importa tanto todo lo anterior. Tu nunca votarás por Trump ni por nadie como él mientras los demócratas continúen promoviendo a candidatos como los radicales en las primarias de este año.

Pero si tú eres un trabajador católico de la antigua escuela o un hispano católico no particularmente entusiasmado con la plataforma del Partido Demócrata con respecto a esas cosas; si eres un católico demócrata porque tus padres eran y sus padres antes de ellos y porque los demócratas fueron una vez el partido del sindicato y del trabajador, entonces, ¿con qué no estás de acuerdo en este capítulo? Donald Trump es tu hombre. Él está luchando por ti y por tu familia. Los resultados económicos de su primer mandato hablan por sí solos.

Una solicitud para el presidente: Querido señor presidente, su marca única de MAGAnomics está cosechando grandes beneficios para la clase trabajadora de los Estados Unidos, pero nos gustaría escuchar más mención de apoyo para las mamás que deciden quedarse en casa. Señor presidente, considere la posibilidad de apoyar el concepto de familias de un solo ingreso. Leemos su programa económico como diseñado para hacer eso posible, incluso si no intencionalmente, pero usted a menudo promociona como un logro principal de su administración el hecho de que las mujeres representan un mayor porcentaje de la fuerza laboral que nunca. Es la experiencia de estos dos esposos y padres católicos que a muchas mujeres en todo el espectro político les encantaría tener la opción, y la capacidad, de quedarse en casa con sus hijos. Usted ha sido capaz de implementar muchas políticas en beneficio de la familia, pero las que reciben más atención son políticas que asumen un modelo en el que los niños están en la guardería.

Esta petición no es para denigrar el talento de las mujeres ni para subestimar el "genio femenino", para usar una frase favorita del Papa San Juan Pablo II, sino más bien para celebrar y apoyar a las madres de entre ellas en su papel más importante, el de mamá. (Algunas mujeres pueden tomar ofensa con esta idea, pero dudamos de que alguna madre lo hará, o hijos para el caso.) La vida familiar es la clave para tantos indicadores sociales de "éxito", y las madres en el hogar son un "bien" social que no hay que subestimar. Presidente, tome esto como un consejo. Sabemos que esto es un problema cultural y que la gran economía americana que usted está desatando cosechará muchos beneficios a corto y a largo plazo, pero sabemos que hay muchas mujeres por ahí que amarían, verdaderamente amarían, dejar el cubículo detrás y poder estar en casa con sus hijos, al menos cuando están pequeños.

3

EL
ESTABLECIMIENTO
CORRUPTO

Entre las deformidades del sistema democrático, la corrupción política es una de las más graves porque traiciona al mismo tiempo tanto los principios morales como las normas de justicia social. Compromete el correcto funcionamiento del estado, teniendo una influencia negativa en la relación entre los que gobiernan y los gobernados. Causa una creciente desconfianza con respecto a las instituciones públicas, provocando una desafección progresiva en los ciudadanos con respecto a la política y sus representantes, con un debilitamiento de las instituciones. La corrupción distorsiona radicalmente el papel de las instituciones representativas, porque se convierten en un escenario de trueque político entre las solicitudes de los clientes y los servicios gubernamentales. De esta manera, las opciones políticas favorecen los objetivos estrechos de quienes poseen los medios para influir en estas elecciones y son un obstáculo para el bien común de todos los ciudadanos.[28]

Compendio de la Doctrina Social de la Iglesia Católica 411

---

[28]   Pontifical Council for Justice and Peace, *Compendium of the Social Doctrine of the Church* (Washington, DC: USCCB Publishing, 2005), no. 411, http://www.vatican.va/roman_curia/pontifical_councils/justpeace/documents/rc_pc_justpeace_doc_20060526_compendio-dott-soc_en.html#Defendingpeace.

> *Nuestro movimiento consiste en reemplazar un establecimiento*
> *político fallido y corrupto por un nuevo gobierno controlado por*
> *ustedes, el pueblo americano. El establecimiento de Washington,*
> *y las corporaciones financieras y de medios de comunicación que*
> *lo financian, existen por una sola razón: protegerse y enrique-*
> *cerse. El establecimiento tiene trillones de dólares en juego en estas*
> *elecciones. Para aquellos que controlan las palancas del poder*
> *en Washington y para los intereses especiales globales con los que*
> *se asocian, estas personas que no tienen tu bien en mente.*[29]

¿Qué? ¿Corrupción en Washington, DC? ¡Estamos conmo-
cionados, sorprendidos! Muchos americanos podrían descartar el que Trump ponga en evidencia al "*establecimiento*
político corrupto" con un encogimiento de hombros y un
murmullo: "¡Nada nuevo bajo el sol! Cuéntanos algo que no
sabíamos." La opinión del público es ya tan cínica que, en
boca de cualquier otro político, la aserción *podría ser* descar-
tada como el típico discurso.

Pero Trump es diferente. Va tras esa corrupción y la
expone. La está desarraigando, con todo y ramas.

La cantidad y la escala de la corrupción que está expo-
niendo es asombrosa y abrumadora, por lo que para nuestros
propósitos nos centraremos en dos áreas en las que la clase
política, el *establecimiento*, ha traicionado al pueblo americano: la corrupción financiera y la corrupción en el proceso
legal, o la manera en que los políticos han vendido sus influencia para beneficio personal y la manera en que entidades

---

[29]   Transcripción de "Speech that made Trump President", Trollitics,
video, 5:37, 9 de noviembre de 2016, https://www.youtube.com/
watch?v-szaKnOhJbow&t.

de aplicación de la ley corruptas tienen ciertas reglas para "ellos" y otras para el resto de nosotros. Como el propio Trump lo dijo en el pasaje citado: existen para "protegerse y enriquecerse a sí mismos". Primero, el enriquecimiento.

Vinieron a hacer el bien; terminaron haciéndose bien

El presidente Trump pronto y a menudo llamó a la corrupción de la Fundación Clinton. Cada vez más, estamos viendo que él tenía razón desde el principio. Pero esto no es noticia nueva. Sea testigo de un artículo previo a la elección del 2016 que apareció en *The Hill* titulado "El memorándum de la Fundación Clinton revela a Bill y Hillary como socios en el crimen" por Paul Jossey.

Este artículo y los citados en el resto de esta sección son todos impresionantes y deben ser leídos en su totalidad. Baste decir que describen lo que sólo puede parecer una operación de "pago por jugar" que involucra miles de millones de dólares, corporaciones multinacionales, actores de estados extranjeros, y el Departamento de Estado de los Estados Unidos bajo Hillary Clinton y otros. Después de detallar una serie de actividades problemáticas de la fundación, Jossey describe lo que él llama "la mezcla indecorosa de… clientes de Teneo con el Departamento de Estado bajo la dirección de la Sra. Clinton",[30] Teneo es una firma de

---

[30]   Paul H. Jossey, "Clinton Foundation memo reveals Bill and Hilary as partners in crime," *The Hill*, 31 de Octubre, 2016, https://thehill.com/blogs/pundits-blog/presidential-campaign/303663-bill-and-hillary-partners-in-crime-literally.

consultoría que sirvió como una especie de "guardia de todas las cosas Bill Clinton."

Jossey más tarde cita a Carly Fiorina, excandidata republicana a la presidencia y no particularmente amigable a Donald Trump, de la siguiente manera: "Cuando se le preguntó sobre la Iniciativa Global Clinton el año pasado, Carly Fiorina declaró: '¿Qué no sabemos de los donantes (a la Fundación Clinton)? ¿Qué no sabemos de los conflictos de intereses que esos donantes representan cuando la Señora Clinton está sirviendo como Secretaria de Estado?'"[31]

Buenas preguntas, y obtuvimos algunas respuestas en un mordaz editorial del 23 de noviembre de 2018 por *Investor's Business Daily* que señaló que "85 de los 154 intereses privados que se habían reunido con Clinton durante su mandato en la Secretaria de Estado eran donantes de la Fundación Clinton."[32] Pero su revelación más impactante fue cómo las donaciones a la fundación se desplomaron después de que Hillary Clinton perdiera las elecciones del 2016 ante Trump. "Ahora, los nuevos documentos financieros muestran que las contribuciones y las subvenciones a la Fundación Clinton se desplomaron desde que Hillary perdió la elección ante Trump. Los donativos cayeron de $216 millones en el 2016 a sólo $26.5 millones en el 2017, una impresionante caída del 88%".

Los editores hicieron las preguntas correctas. Hicieron su

---

[31]   Ibid.

[32]   Editorial, "Scam Exposed: Donations To Clinton Foundation Plummeted After Clinton Lost The Election," *Investor's Business Daily*, 23 de noviembre, 2018, https://www.investors.com/politics/editorials/clinton-foundation-donations/.

trabajo. "Si la Fundación Clinton era tan buena como afirmaron sus defensores, ¿por qué todos sus grandes donantes perdieron interés de repente? La única explicación razonable es que los donantes no estaban interesados en lo que la fundación supuestamente hizo para la humanidad. Estaban interesados en los favores políticos que sabían que su dinero compraría".

Deténgase y piense en esa última frase: *Estaban interesados en los favores políticos que sabían que su dinero compraría*. Sí, todos estamos preocupados por la corrupción en Washington, y hasta cierto punto, podemos resignarnos a cierto nivel de esta, pero no en la escala de la corrupción que sucedió en la administración justo antes de que Donald Trump asumiera el cargo.

No es de extrañar, o tal vez si sea sorprendentemente dado que estamos hablando de Washington, DC, la historia no termino ahí. Un par de semanas después de que apareciera el editorial en *Investor Business Daily*, John Solomon escribió un artículo para *The Hill* titulado "Los federales recibieron evidencia de informantes en el 2017 alegando corrupción en la Fundación Clinton." El artículo de Solomon anticipaba una audiencia que se avecinaba:

> Cuando el presidente de un subcomité de la Cámara de Representantes golpee su mazo la próxima semana para convocar una audiencia de investigación a la Fundación Clinton, dos preguntas persistirán como preeminentes: ¿Es la organización benéfica de la familia Clinton realmente el bienhechor internacional que se ganó una calificación perfecta de cuatro estrellas por

Charity Navigator, o sufre de corrupción e ilegalidades como alegan los conservadores? Y, si es esto último, ¿cuánta evidencia de delitos posee el gobierno? …

La respuesta a la segunda pregunta puede residir en 6,000 páginas de evidencia anexadas a una denuncia presentada en secreto hace más de un año ante el IRS y el FBI.[33]

Solomon pasa a identificar a el informador que hizo la denuncia como MDA Analytics LLC y señala que la firma alegó que la Fundación Clinton rompió la ley y puede ser responsable de "millones de dólares en impuestos morosos y sanciones."

Tal vez lo más impresionante -esta frase se ha vuelto prominente gracias al proceso de destitución, así como a las travesuras Biden/Ucrania- fue la mención de Solomon de las revisiones internas realizadas por la Fundación Clinton citadas por MDA en su informe que "levantó serias preocupaciones sobre la adherencia a la ley, la mezcla indebida de negocios personales y de caridad y las promesas 'quid pro quo' hechas a los donantes, mientras que Hillary Clinton era secretaria de Estado".

Lee las últimas palabras de esa frase de nuevo: *y las promesas "quid pro quo" hechas a los donantes mientras Hillary Clinton era secretaria de Estado.* Es realmente increíble cómo los

---

33   John Solomon, "Feds received whistleblower evidence in 2017 alleging Clinton Foundation wrongdoing," The Hill, 6 de diciembre, 2018, https://thehill.com/opinion/white-house/420131-feds-received-whistleblower-evidence-in-2017-alleging-clinton-foundation.

demócratas acusan a Trump de las mismas cosas de las que ellos mismos son culpables.

Después de describir más detalladamente el informe de MDA, Solomon detalla cómo compartió las pruebas con ex investigadores federales para evaluar la validez de estas en términos de la posibilidad de presentar un caso penal. Todos ellos, según Solomon, "recalcaron que la evidencia de criminalidad potencial era significativa y justificaba la apertura de una investigación del FBI o del IRS". Un agente retirado del FBI fue citado de la siguiente manera: "Cuando usted tiene a los abogados de la organización [la Fundación Clinton] usando palabras como 'quid pro quo', 'conflictos de interés' y 'protecciones a informantes secretos,' usted tiene suficiente para obtener permiso para empezar a entrevistar y hacer preguntas."

Y, sin embargo, según Solomon, aunque el IRS envió varias cartas en el 2017 y 2018 a MDA Analytics reconociendo la recepción del reporte y señalando que "todavía estaba abierta y bajo investigación activa", poco antes de las elecciones del 2018 esa misma agencia envió a la firma una "carta preliminar de denegación indicando que no investigó las alegaciones por razones que iban desde la falta de recursos hasta la posible expiración del estatuto de limitaciones de algunas de las alegaciones."

Uno podría ser perdonado por sospechar que hay un engaño en "falta de recursos" ¿falta de recursos para lo que puede ser uno de los mayores escándalos de corrupción política en la historia de la república? ¿»Posible expiración del estatuto de limitaciones de algunas de las alegaciones"? Una vez más, uno podría ser perdonado por sospechar que lo que el IRS estaba haciendo ahí era agotar el reloj. Unas reglas para los poderosos, y otras para el resto de nosotros. Curiosamente, la historia de MDA Analytics y su investigación sobre la Fundación Clinton no termina ahí. La semana siguiente de que apareciera el artículo de Solomon, estaba previsto que un subcomité del congreso llevara a cabo una audiencia para examinar el trabajo de John Huber, un abogado especial de los Estados Unidos que se rumoreaba que estaba investigando la Fundación Clinton entre otras cosas.[34]

El abogado Huber no se presentó, que era algo confuso, pero John Moynihan y Lawrence Doyle de MDA Analytics si lo hicieron, y aunque la audiencia no recibió mucha publicidad en ese momento fue a la vez fascinante y reveladora.[35]

Una reportera que si cubrió la historia fue Sara Carter.[36] Ella identificó correctamente una revelación impresionante cuando los investigadores leyeron una lista de violaciones, o posibles violaciones, que habían descubierto.

En la lista se incluyeron los siguientes:

---

[34] Mientras se prepara este libro para su publicación, los informes de los medios de comunicación afirman que la investigación de Huber está reduciéndose o cerrándose por completo. Los medios de comunicación favorables a los Clinton están celebrando su exoneración. Dada la trayectoria de las noticias falsas, somos escépticos de que toda la historia está contada, y a falta de comentarios oficiales del Departamento de Justicia, les aconsejaríamos mantener el corcho en las botellas de champán por el momento.

[35] Puede verlo en línea en https://www.c-span.org/video/?c4767903/ user-clip-john-moynihan-lawerence-w-doyle.

[36] Sara Carter, "Financial Bounty Hunters Testify: Clinton Foundation Operated As Foreign Agent," 14 de diciembre, 2018, https://saraacar- ter.com/financial-bounty-hunters-testify-clinton-foundation -operated-as-foreign-agent/.

- agente de gobierno extranjero
- tergiversaciones
- uso indebido intencional de fondos públicos donados

Mira la primera violación mencionada por Moynihan. ¡Agente de gobierno extranjero! ¿La fundación familiar del antiguo presidente de los Estados Unidos y su esposa, la Secretaria de Estado durante parte del tiempo bajo investigación, operó como agentes de gobierno extranjero? Eso es impactante y, una vez más, invita a las sospechas de pago para jugar.

Una esto con el interesante hecho de que, según Doyle, una décima parte del 1 por ciento de los donantes donaron el 80 por ciento de los fondos y la pregunta es obvia: ¿quiénes eran esos donantes? y ¿qué recibieron? Este puede ser un buen momento para comprar el libro *Clinton Cash* de Peter Schweizer o, para algo más actualizado, *Perfiles en Corrupción*, que ofrece una visión mucho más amplia de familias políticas enriqueciéndose a través de sus vidas de "servicio".

La gota que derrama el vaso con respecto a la corrupción que caracterizó a la Fundación Clinton se captura en la siguiente declaración de Lawrence Doyle de MDA: "La investigación demuestra claramente que la fundación no era una organización caritativa per se, de hecho, era una asociación familiar... y, como tal, se gobernaba de manera que buscaba en gran medida a promover los intereses personales de sus integrantes."[37]

---

[37]   "User Clip: John Moynihan and Lawerence W. Doyle," C-SPAN, video, 1:09:36, 14 de diciembre, 2018, https://www.c-span.org/video/?c4767903/user-clip-john-moynihan-lawerence-w-doyle.

Una breve comparación de dos Quid Pro Quos

Por lo tanto, parece que hubo plenitud de quid pro quos en los tratos de la Fundación Clinton. ¿Dónde hemos oído esa pintoresca frase en latín recientemente? En las noticias cien veces al día durante el proceso de destitución, ahí es donde. Ese proceso corrupto se describirá más detalladamente en un capítulo posterior, pero consideremos el evidente quid pro quo que salió a la luz recientemente.

Aunque la mayoría de los medios de comunicación se burlan y atacan a Rudy Giuliani, él está descubriendo, o ha descubierto, una red de corrupción en Ucrania que implica miles de millones de dólares en ayuda exterior estadounidense que parece no haber sido utilizada para aquellos fines para los que estaba originalmente dirigida. Los propios ucranianos dicen que ha desaparecido. Y hay un nombre político americano importante involucrado -Biden (y algunos otros también)- junto con ciertas figuras del Departamento de Estado, incluyendo algunos de los testigos en la investigación de destitución que la Cámara de Representantes llevó a cabo. ¡Qué curioso! Como se señaló en un contexto diferente, algunos comentaristas en internet han observado que Trump no está siendo acusado por crímenes que el cometió; los demócratas están acusando a Trump por los crímenes que ellos cometieron, y Ucrania es la zona cero de esa corrupción y esos crímenes.[38]

---

[38]   Por cierto, mientras este libro va a impresión, Giuliani ha pasado su material al Departamento de Justicia, ejerciendo así el derecho, y se podría decir obligación, de cualquier americano que es consciente de conducta criminal. A partir de este escrito, el Departamento de Justicia ha establecido un proceso para evaluarlo.

En el mundo bizarro de la histeria anti-Trump que caracteriza a gran parte de los medios de comunicación y el *establecimiento* político, Trump fue acusado de solicitar un quid pro quo con el nuevo presidente anticorrupción de Ucrania, Volodymyr Zelensky. Trump pronto publico la transcripción de la llamada para que todos la vieran; si eres honesto, verás que no hay condicionalidad, no hay quid pro quo. Esto merece repetirse: *si eres honesto, verás que no hay condicionalidad, no hay quid pro quo.* Contrasta eso con Joe Biden, que fue capturado en video alardeando de su propio -o lo que cualquier persona honesta reconoce como tal- quid pro quo.[39]

Con la avalancha de información que está disponible hoy en día en internet y en la televisión y el ciclo de noticias de veinticuatro horas, puede ser abrumador procesarlo todo. En tal entorno, el lector promedio sólo puede confiar en su propio sentido común y en la navaja de Occam, que sostiene que la explicación más simple es a menudo la verdadera. En el caso de Joe Biden y su hijo Hunter, todos leemos y escuchamos las noticias, y sabemos que algo no está bien con la historia de Biden.

Cada vez surgen más ejemplos de miembros de su familia

---

[39]   Para una lectura útil sobre el tema, vea Jeff Carlson, "Ukraine Accusations Against Trump Put Renewed Focus on Events During Obama Administration," The Epoch Times, 18 de octubre, 2019, https://www.theepochtimes.com/ukraine-accusations-against-trump-put-renewed-focus-on-events-during-obama-administration_3120473.html y Gregg Jarrett, "Here's Why The Justice Department Must Investigate Joe Biden's 'Quid Pro Quo,'" December 30, 2019, https://thegreggjarrett.com/heres-why-the-justice-department-must-investigate-joe-bidens-quid-pro-quo/.

usando el nombre Biden para enriquecerse. "¿Qué hay de Trump y sus hijos?" algunos preguntan, tratando de establecer algún tipo de equivalencia inmoral. No hay comparación. La situación de Trump es perfectamente legítima. Sus hijos trabajan en la organización de su padre, que se estableció mucho antes de entrar en la política, mientras que la familia de Biden se ha beneficiado directamente de su condición como uno de los líderes políticos estadounidenses. Lo mismo que los Clinton hicieron a través de la Fundación Clinton.

Si no crees que el dinero recaudado por la Fundación Clinton estaba ligado a su alto cargo político, entonces vuelve a leer el editorial del *Investor's Business Daily* y ve cómo las donaciones desaparecieron después de que Hillary perdió la elección del 2016 contra Donald Trump. Su oficina estaba a la venta; la oficina de Biden estaba a la venta. Una vez más, esto no es un cuento pro-republicano. Muchos políticos republicanos del establecimiento fueron, probablemente, comprados y pagados también, creaturas del *pantano* en otras palabras. Fue muy extraño cuántos miembros republicanos de la Cámara de Representantes decidieron no presentarse a reelección en el 2018,[40] por lo tanto, entregando la Cámara a los demócratas. Los dólares de los grupos de presión corrompen por igual a demócratas y republicanos cuando se trata de legislación. Se necesitó que alguien, Donald John Trump para ser precisos, dispuesto a levantarse y decir, en

---

[40] No estamos lanzando acusaciones sobre ningún miembro en particular, seguramente algunos tenían razones perfectamente inocentes para renunciar.

efecto, que "esto se termina ahora". Puede que haya elegido otras palabras, pero tú entiendes a lo que nos referimos.

"¡Enciérrenla!"…y a él, y a él, y a ella y a ella…

Honestamente, debería estar encerrada.[41]

Hillary Clinton: "Es algo muy bueno que alguien con el temperamento de Donald Trump no esté a cargo de la ley en nuestro país".

Donald Trump: "Porque estarías en la cárcel".[42]

La corrupción de nuestro gobierno no se limita a los políticos y sus familias que se enriquecen mientras supuestamente "sirven" a su país. No, la corrupción en DC se había extendido como un cáncer durante las administraciones de Obama y Clinton, llegando a las principales agencias policiales y de inteligencia en el país. Donald Trump también hecho luz a esta corrupción y criminalidad.

En lo que fue uno de los momentos más impresionantes de la historia política de los EE.UU. -al menos en los últimos tiempos- Donald Trump pronunció esas palabras: "Porque estarías en la cárcel", a su oponente Hillary Clinton durante un debate televisado a nivel nacional visto por

---

[41] Transcripción de "Speech that made Trump President", Trollitics, video, 5:37, 9 de noviembre, 2016, https://www.youtube.com/watch?v-szaKnOhJbow&t.

[42] "Presidential Debate – DT: Bc you'd be in jail! – Hillary Clinton vs. Donald Trump," video, 00:36, 9 de octubre, 2016, https://www.youtube.com/watch?v=Hbh2qXBMjuY.

millones de personas. Lo que muchos observadores neutrales y oponentes de Trump veían como otro ejemplo de su sentido del humor sin clase o del tipo de amenaza de cárcel a un oponente político basado en cargos falsos que nosotros los americanos normalmente asociamos con dictadores de países del tercer mundo era, en realidad, ninguna de las dos. En la mente de Donald Trump, él estaba, sencillamente, revelando la desnudez del emperador; estaba diciendo la verdad. Trump estaba hablando muy en serio.

Su comportamiento en ese momento, y desde entonces, indica que estaba siendo sincero. Estaba diciendo la verdad, y a juzgar por la reacción de la multitud, no estaba solo. Trump había dicho, al igual que lo hizo toda la campaña, lo que no se podía decir.

Trump, junto con muchos americanos en ese momento y muy probablemente muchos más desde entonces, creía que la señora Clinton era parte de un *establecimiento* corrupto en Washington que había violado las leyes de los Estados Unidos y se había salido con la suya en más de una ocasión. Lo que previamente había sido descartado por los medios de comunicación como algo proveniente de la imaginación febril de una —para usar las palabras de Clinton del pasado con respecto a los oponentes de su marido— "gran conspiración de la derecha", ha sido puesto en evidencia por eventos desde la campaña del 2016 hasta hoy. No nos malinterpretes. Los medios de comunicación convencionales continúan intentando descartar las acusaciones, pero es más difícil hacer esto cuando tanta evidencia ha sido revelada.

El escándalo del correo electrónico de Clinton

Específicamente, es muy probable que Trump se estuviera refiriendo al escándalo del servidor de correo electrónico de Clinton, cuyos detalles han sido revelados por parte del primer informe del Inspector General (no el más reciente tratando con Spygate) y que, antes de que el informe fuera publicado, fueron diestramente resumidos en una serie de cinco videos producidos por el periodista John Spiropolous, que contienen un testimonio clave de Comey ante un comité de supervisión de la Cámara de Representantes.[43] Deberías verlos todos.

En el centro del escándalo del correo electrónico Clinton se encuentra el hecho indiscutible de que ella tenía un servidor privado en su casa en Chappaqua, Nueva York, (más tarde se trasladó a Nueva Jersey) y que lo usó para negocios gubernamentales, incluyendo comunicaciones confidenciales. Este acto, por sí solo, es ilegal, un crimen. Ella sabía las reglas en contra de hacerlo, o al menos debería haberlo sabido, ya que fue informada sobre ellas y había estado en y alrededor del gobierno durante mucho tiempo. El sentido común dicta que ella debería saber que tal montaje era no aconsejable e ilegal. Más tarde, el director del FBI, James Comey, diría que "ningún fiscal razonable" presentaría cargos contra Clinton por sus acciones relacionadas con el servidor ilegal. Se equivoca. La verdad es que cualquier persona

---

[43]   Puedes ver el primer video de la serie aquí: "Clinton Server Scandal_Segment 1", video, 13:57, 2 de mayo de 2018, https://www.youtube.com/watch?v=Ikrxv89_2QQ. Una vez que hayas visto este, los cuatro siguientes deben seguir o ser encontrados fácilmente.

razonable, con la experiencia de Clinton, debería saber que tal configuración era ilegal, y, contra Comey, ningún fiscal razonable dejaría de presentar cargos contra cualquier otra persona involucrada en tal comportamiento. Esto llega al corazón del asunto: trato especial y trato desigual bajo la ley.

Los partidarios de la señora Clinton pueden tratar de minimizar la importancia de tal transgresión, utilizando algo parecido al infame "descartar-después-de-los-hechos" sobre preguntas acerca del desastre de Bengasi: "En este momento, ¿qué diferencia hace?" Se equivocan; y probablemente están mintiendo ya que es normal sospechar que en el fondo saben la verdad, pero al menos, están equivocados. *¿Ya tenemos un crimen?*

Como muestra el video, ella negó en testimonio que secretos de gobierno estaban involucrados, alegando que no se transmitió material confidencial. En su propio testimonio posterior James Comey dijo que si había información confidencial. De hecho, algunas eran de la mayor confidencialidad posible. Alguien está mintiendo. ¿Ya tenemos *un crimen?*

Específicamente, Comey dijo en su testimonio que 110 correos electrónicos en 52 cadenas fueron "determinados que contenían información confidencial en ese momento". Dio más detalles: 8 eran secreto máximo, 36 eran secretos en ese momento y 8 eran confidenciales. Muchos más fueron actualizados a confidencial, "alrededor de 2000." Cuando estos hechos salieron a la luz, la mujer que muchos pensaban que debía ser nuestra presidenta cambió su historia, afirmando que ninguno estaba "marcado" como confidencial. El propio Comey señaló que eso no era cierto, pero que incluso si ciertos documentos no están marcados como confidencial, las personas con ese nivel de autorización de seguridad siguen estando obligados a saber lo que es y lo que no es confidencial y proteger la información. ¿Ya tenemos *un crimen?*

En un momento bien recordado de la campaña del 2016, Comey, en la televisión nacional, anunció que Clinton no sería acusada. Pero lo hizo de la manera más extraña posible. Por un lado, que el director del FBI convocara una conferencia de prensa para hacer el anuncio era inusual en sí mismo. Y por otro, como todo el mundo probablemente recuerda, esencialmente esbozó el caso para la acusación y dijo que había evidencia (presumiblemente de comportamiento "acusable") pero que, aunque hubiera evidencia, era el juicio de ellos (la pregunta es quiénes "ellos" son) que, en una de las frases por lo que será recordado en la historia, "ningún fiscal razonable presentaría cargos."

Comey se equivocó cuando dijo que ningún fiscal razonable presentaría cargos, como revelaciones posteriores dejarían claro. Trump tenía razón cuando cantaba junto con sus fans, "¡Enciérrala!" Por supuesto, muchos de los que lo apoyaban tal vez fueron impulsados simplemente por motivos históricos en contra de la señora Clinton y su marido. Pero la cruda realidad es que el americano promedio en ese momento no tenía idea de lo mal que estaban las cosas.

Estaba arreglado

Toda la investigación sobre el escándalo del correo electrónico del servidor privado de Hillary Clinton fue un fraude. Desde un inicio, el resultado final era obvio. La única pregunta para los individuos corruptos que lo dirigieron era cómo llegar ahí.

Como prueba de esta afirmación está el hecho de que Comey había redactado su "discurso" exonerando a Clinton meses antes, dos meses antes para ser exactos, y lo compartió con otros el 2 de mayo. Esto fue incluso antes de que se entrevistara a numerosos testigos importantes. Una vez que otros miembros del liderazgo del FBI, incluyendo a Andrew McCabe, vieron el borrador del "discurso" de Comey, el lenguaje que describe las acciones de Clinton fue cambiado de "negligencia grave" en el original de Comey y que son las mismas palabras que se utilizan en el estatuto que identifica tal comportamiento como un crimen, a "extremadamente descuidado." ¿Por qué se hizo esto? El sentido común nos dice que se hizo para barrer mejor todo el asunto bajo la alfombra.

Tal vez el interrogatorio más apasionado a James Comey en el tema del servidor privado fue hecho por Will Hurd (R-TX). Hurd, un exagente secreto de la CIA, sabe la importancia de proteger información confidencial, fuentes y métodos. Preguntado por Hurd por qué no se presentaron cargos, Comey respondió que dos cosas deben estar presentes: el mal manejo y la intención criminal.

Al decir esto, James Comey, director del FBI, tergiversó la verdad. La intención no tiene nada que ver en estos asuntos. Hurd, incrédulo por lo que estaba escuchando, preguntó si el no presentar cargos era la opinión unánime entre los que estaban en el caso. Comey dijo que así era entre "el equipo de agentes, investigadores, analistas, técnicos". Tal afirmación genera la pregunta: ¿quién componía el equipo, al menos el equipo que finalmente decidió? Esa es una pregunta interesante, y lo que es aún más interesante es el hecho de que el "equipo" que en general protegió a la señora Clinton resultaría tener algunos de los mismos miembros que más tarde trataron de acabar con el presidente Trump en el asunto de la interferencia de Rusia. Estos personajes sin duda dieron todo para proteger a Hillary y para destruir a Donald.

Otros datos sorprendentes sobre el mal manejo de la investigación por parte de "el equipo" salieron a la luz durante el testimonio de Comey. En el video, Tom Marino (R-PA) le preguntó, de un exfiscal a otro, por qué ningún gran jurado fue implementado si, en su experiencia, esa es la mejor manera de reunir pruebas y, cuando sea necesario, obligar a testigos, con la amenaza de ser detenido e ir a la cárcel si no colaboran. ¿Por qué no se siguió la práctica fiscal normal en esta investigación?

Sin embargo, no llamar a un gran jurado estuvo lejos de ser la única irregularidad en este encubrimiento. Cheryl Mills y Heather Samuelson, los abogados de Hillary y posibles testigos por el amor de Dios, estuvieron presentes en la entrevista del Hillary con los miembros de "el equipo". Como señaló John Ratcliffe (R-TX), permitir que testigos centrales en un caso estén presentes en la entrevista del sujeto de una investigación criminal nunca sucede. Ni siquiera en la tele. La navaja de Occam nos dice que estaba arreglado.

Evidencia Encubierta

Cualquier buen encubrimiento necesita que haya evidencia para ser encubierta, y en este sórdido asunto del servidor privado de Hillary Clinton, no faltaron pruebas potenciales que desaparecieron. Para nosotros, los católicos, la lista se lee como una letanía de criminalidad:

- servidor apple original: falta
- laptops: faltan
- memoria USB: falta
- blackberries con tarjetas SIM: faltan
- trece dispositivos móviles perdidos, desechados o destruidos con un martillo (Si, lees bien.)
- dos iPads: desaparecidas
- varias copias de seguridad del servidor: faltan
- copias de correos electrónicos de Clinton a Mills y Samuelson: desaparecidos (No solo estaban desaparecidos, habían sido limpiados con BleachBit *después de que recibieron un citatorio*.) Por otro lado, el congresista Trey Gowdy fue citado diciendo: "Ella y sus abogados eliminaron esos correos electrónicos. Y no sólo apretaron un botón para borrarlos; los borraron donde ni siquiera Dios puede leerlos… Usaron algo llamado BleachBit. Nadie usa BleachBit para borrar correos electrónicos acerca de yoga o de damas de honor. Cuando usas BleachBit, es para algo que realmente no quieres que el mundo vea".[44]

---

[44]   Louis Nelson, "Gowdy: Clinton used special tool to wipe email server," Politico, 25 de agosto, 2016, https://www.politico.com/story/2016/08/hillary-clinton-emails-bleachbit-227425.

- archivo de correo electrónico de la red de Platte River: desaparecido (Se había eliminado.)
- copias de seguridad del servidor: falta (También se habían eliminado.)

Como John Ratcliffe (R-TX) dijo en ese momento, "Cualquiera de esos... dice obstrucción a la justicia. Colectivamente, gritan obstrucción a la justicia".

Esta lista de evidencia faltante lleva a los que tienen ojos a ver y a los que tienen oídos a escuchar ciertas conclusiones. Pero antes, consideremos una pregunta fundamental: ¿Por qué no se debe configurar un servidor privado para asuntos gubernamentales en su sótano? Y, por otro lado, ¿por qué uno se sentiría tentado a hacerlo?

El correo electrónico de trabajo del gobierno federal pertenece al gobierno federal y debe llevarse a cabo en una cuenta .gov. Podemos suponer que esto es así con el fin de proteger la seguridad de dichas comunicaciones, mantener las cosas "por encima de la mesa" -es decir, desalentar la corrupción- y también para preservar más fácilmente los registros y hacerlos fáciles de encontrar, tanto para fines históricos como para responder con mayor agilidad a las solicitudes de la Ley de Libertad de Información (FOIA). Las solicitudes de FOIA son una herramienta fundamental mediante la cual el pueblo americano mantiene a nuestro gobierno honesto. Un cierto periódico de centroizquierda ha tomado como lema el dicho "La democracia muere en la oscuridad." Tienen razón, aunque uno puede argumentar que ellos mismos han tratado de apagar las luces o al menos controlar el interruptor.

Sea como fuere, la democracia muere en la oscuridad, y

la corrupción prospera. Los católicos debemos preocuparnos por la integridad y la honestidad, o la falta de ella, en el gobierno cualquiera que sea nuestra afiliación partidista. De eso se trata este aspecto de nuestra mirada a Trump. Muchos de sus enemigos lo han acusado de casi todos los delitos bajo el sol. Algunos de nosotros intuimos algo desde el principio, mientras que otros recientemente están empezando a darse cuenta del siguiente hecho: no hay ninguna prueba de que Donald Trump es culpable de las diversas acusaciones presentadas en contra de él. Ninguna. Bueno, a veces es grosero. El reciente intento de destitución dejó este hecho aún más claro; los demócratas, en sus propios artículos redactados para acusar al hombre, no mencionaron ni un solo crimen.

Por otro lado, hay pruebas abrumadoras de que Hillary Clinton y su equipo cometieron un crimen al establecer un servidor privado y luego trataron de destruir pruebas, de nuevo un crimen, para encubrirlo (por no decir nada de otros crímenes asociados con la Fundación Clinton y Spygate). ¿Quién participó en el esfuerzo por destruir pruebas? Y, pregúntate, ¿crees honestamente que, si Donald Trump no hubiera ganado las elecciones, sabríamos tanto de esto?

***

Los párrafos anteriores describen el delito. A continuación se describirán algunos aspectos del encubrimiento.

No necesitamos entrar en todos los detalles. Más bien, nuestro interés yace en el humorístico —si no fuera tan grave— recuento de los esfuerzos de un empleado de Platte River en particular para ayudar en el encubrimiento, sabiéndolo o no. El Comité Selecto sobre Bengasi de la Cámara de Representantes se estableció en mayo del 2014. En julio de ese año, llegó a un acuerdo con el Departamento de Estado para producir ciertos registros para el comité. Justo en ese momento -que curioso- el abogado de Clinton Cheryl Mills y Bryan Pagliano, el empleado del Departamento de Estado a cargo del servidor privado, le pidieron al técnico a cargo de la cuenta de Clinton en Platte River, un hombre llamado Paul Combetta, si había alguna manera de ocultar la dirección de correo electrónico de Hillary en sus comunicaciones. Combetta fue a un sitio en Internet llamado Reddit para averiguar cómo hacer lo que le pedían.

Todo este episodio salió a la luz de nuevo durante la comparecencia de Comey ante el Comité Judicial de la Cámara de Representantes.[45] El congresista Jim Jordan (R-OH), en su interrogatorio a Comey, puso las investigaciones Reddit de Combetta en la pantalla grande. Jordan citó: "Necesito quitar la dirección de correo electrónico de un VIP (muy VIP) de un montón de correos electrónicos archivados. Básicamente ellos no quieren que la dirección VIP se exponga a nadie." Jordan preguntó con razón a Comey a quién se referían con "ellos" y "VIP." Jordan preguntó específicamente si era probable que el VIP fuera Clinton, a lo que Comey respondió: "Sí". Jordan preguntó si era probable que el "ellos" de la consulta Reddit de Combetta fuera Mills u otros miembros del personal de Clinton. Comey dijo que no lo sabía.

---

[45]   Puedes ver a Jordan interrogando a Comey aquí: https://www.youtube.com/watch?v-r5PJwGLMrLo.

De todos modos, Combetta se enteró a través de la comunidad Reddit que, por desgracia, no podía "quitar" la dirección de correo electrónico de la persona muy importante en cuestión. Sus preguntas en Reddit permanecieron en internet durante dos años más hasta una semana antes de que Comey hiciera su aparición ante Jordan y el resto del comité, momento en el que Combetta se puso en acción de nuevo para intentar eliminarlos. Jim Jordan hizo una suposición muy natural y dijo: "director, cuando escucho 'quitar la dirección de correo electrónico', suena como un encubrimiento". ¿Ya tenemos un crimen?

Pero eso no es todo. Puede que recuerden (muchos de ustedes probablemente no) el Sr. Combetta y su famoso momento "Oh, mie**a". ¡"Oh, mie**a" en verdad! En diciembre del 2014, Mills, et al, terminaron la clasificación de los correos electrónicos de Clinton y enviaron aproximadamente treinta mil de ellos al Departamento de Estado como se había solicitado. Pero estos eran sólo los que Mills, Samuelson y su equipo se les permitió decidir eran correos electrónicos de trabajo; miles de otros fueron clasificados como personales y destruidos. Debido a que una copia de todo el correo electrónico permanece en el servidor en Platte River, Mills le dijo a Combetta que borrara todos los duplicados, pero olvidó hacerlo…hasta que los correos electrónicos fueron sujeto de un citatorio por el comité de Bengasi. Combetta le dijo al FBI que ese fue su momento "'Oh, mie**a'". Fue entonces que otro término entró en el léxico político americano: BleachBit, una herramienta tecnológica utilizada por la gente de Clinton en un intento desesperado para borrar lo que no debería ser visto.

Motivo

Toda la saga Combetta apunta hacia motivo. Motivo, por parte de Hillary Clinton y su círculo, para ocultar ciertos correos electrónicos de la supervisión gubernamental y pública. El esfuerzo tenía por objetivo ocultar sus correos electrónicos -no todos, sólo los ellos querían- al congreso, reporteros y solicitudes de FOIA. Fue un esfuerzo para ocultar algo porque, bueno, ella tenía algo que ocultar. Ese era el propósito del servidor privado. Que no hubiera registros oficiales de ciertos correos electrónicos de asuntos gubernamentales por el Secretario de Estado es algo inaudito para cualquier persona que no esté cegada por prejuicios. El potencial de corrupción, criminalidad, y malversación cuando no hay un "papel" oficial o un sendero electrónico también debería de ser obvio. Clinton negó que tal obstrucción de la supervisión pública fuera su motivo, y afirmó que el servidor privado estaba autorizado. Pero incluso esa afirmación fue revelada como falsa por el Inspector General Steve Linick, como se ve en el quinto video de la serie de Spiropolous. *¿Ya tenemos un crimen?*

Podríamos continuar, pero esto probablemente demuestra que algo estaba terriblemente mal en términos de corrupción y criminalidad en las administraciones anteriores a la de Donald Trump. Muchas personas se desanimaron y descartaron las afirmaciones del candidato Trump sobre el *establecimiento* corrupto, a medida que él brusca y agresivamente exponía la corrupción financiera y la de la protección de funcionarios ante una posible acción judicial. Pero con el paso del tiempo se ha demostrado que tenía razón.

Uno pensaría que estas historias habrían sido perseguidas por esos medios de comunicación con mayores recursos y mayor alcance. Uno estaría equivocado. Porque esta es la era de "Noticias Falsas".

4

NOTICIAS FALSAS

La información proporcionada por los medios de comunicación está al servicio del bien común. La sociedad tiene derecho a la información basada en la verdad, la libertad, la justicia y la solidaridad.

Catecismo de la Iglesia Católica 2494

Seamos claros en una cosa: los medios de comunicación corporativos de nuestro país ya no están involucrados en el periodismo. Son un interés político especial no diferente de cualquier cabildero u otra entidad financiera con una agenda total, y la agenda no es para tu bien; es para ellos mismos. Cualquiera que desafía su control es considerado un sexista, un racista, un xenófobo, y moralmente deforme. Mentirán, mentirán, mentirán, y lo harán de nuevo, harán peor que eso. Harán lo que sea necesario".[46]

Si los años desde la elección de Trump han demostrado algo, es el compromiso de los medios de comunicación con la destrucción de Donald Trump en lugar de esfuerzos honestos para cubrir las noticias y hacer que los funcionarios

---

[46]   Transcripción de "Speech that made Trump President", Trollitics, video, 5:37, 9 de noviembre, 2016, https://www.youtube.com/ watch?v-szaKnOhJbow&t.

públicos sean responsables. Los dos canales principales considerados —en realidad descaradamente, pero digamos considerados— anti-Trump, CNN y MSNBC, han dado poca voz a sus muchos logros enumerados en el Apéndice 2. Más bien, han demostrado una obsesión con cualquier cosa, no importando si provienen de fuentes dudosas, que refleje mal en el hombre y provoque su caída. Los ejemplos abundan, y las personas que leen este libro y que vean estos dos canales saben que es cierto. ¿Cuántas piezas pro-Trump has visto en los últimos tres años, u, olvídate de pro-Trump, cuántas noticias objetivas sobre sus logros has visto?

No demasiados estaríamos dispuestos a apostar. Más bien, has sido alimentado con una dieta constante de las siguientes historias, y otras como ellas, que las "noticias falsas" empujaron hasta que se demostró que estaban equivocados.

- La investigación e informe de Mueller; los resultados de los cuales no les gustó. No hubo colusión, no hubo obstrucción. Los medios de comunicación antes mencionados, junto con muchos otros, dedicaron un gran porcentaje de su cobertura durante la investigación de Mueller al resultado que ellos esperaban. Parecía que semanalmente había una nueva "bomba" que indicaba que Mueller iba a acabar con la carrera del presidente; en los ojos, oídos y bocas de los medios anti-Trump, era sólo cuestión de tiempo. **Estaban equivocados.**

- La amenaza inminente de la Tercera Guerra Mundial tras el asesinato de Quassem Soleimani en Irak. Eso nunca se produjo; de hecho, el liderazgo de

Trump parece tener el potencial para restablecer un período de relativa calma el medio oriente después de los desastrosos años de Obama, los Clinton, y sí, los Bushes. **Ellos, las noticias falsas, estaban equivocados.**

- Las diversas mujeres que iban a derribar al presidente: todas se disiparon, cada una de ellas. ¿No hay nada? ¿Dónde están ahora? **Una vez más, se equivocaron.**

- Los medios anti-Trump dieron, y continúan dando, una plataforma prominente a las personas que, por cualquier razón, tienen algo negativo que decir sobre Donald Trump. Individuos como Michael Cohen (que ahora está en la cárcel), Michael Avenatti (en la cárcel) y Lev Parnas (bajo acusación).

¿Derribaron al presidente estos tres últimos tipos como los medios anti-Trump tan desesperadamente predecían y esperaban? ¿Lo hizo alguna de las otras historias? Si los deseos pudieran hacerlo, ciertamente lo habrían hecho. Pero no lo hicieron. Una y otra vez, **las noticias falsas se equivocaron**. Aunque este libro se remonta al clásico infantil "La nueva ropa del emperador", este capítulo sobre los medios también recuerda otro cuento: "Juanito y el lobo".

En todos los casos anteriores, las "noticias falsas", como Trump las apodó, cumplieron con sus expectativas. Estuvieron consistentemente equivocadas porque abandonaron la práctica del periodismo, y así, al igual que con Juanito en la historia, cada vez menos personas les creen. Ya sea que quieras a Trump o lo odies, su acusación de los medios de comunicación ha demostrado ser correcta.

¿Se dan cuenta Rachel Maddow, Don Lemon, y otros como ellos, de lo ridículo que se ven en su desesperación por "atrapar" a Trump? O tal vez finalmente están empezando a entenderlo. Recientemente, el clip de Don Lemon, el asesor político anti-Trump Rick Wilson, y otro compañero riéndose y burlándose de los simpatizantes de Trump ha estado haciendo las rondas y ya se ha convertido en un anuncio comercial de la campaña de Trump. Hillary Clinton donó el término "deplorables" a su campaña la última elección. Es verdaderamente bondadoso por parte de estos tres personajes el contribuir a la causa en esta campaña.

Incluso algunos en los medios de comunicación, que no son fans del presidente, han criticado a estos "periodistas" por abandonar las prácticas profesionales en la prisa por derribar al presidente. Matt Taibbi, un escritor con quien los católicos practicantes no estarían de acuerdo en muchos temas, escribió precisamente sobre este estilo de reportaje de "bomba-que-nunca-explotó, invitación-al-ridículo" en su artículo de enero del 2020 en la revista Rolling Stone titulado "2019: Un año que los medios de noticias preferirían olvidar". Ahí, escribió:

> Como resultado, innumerables historias categorizadas como "bombas" –a menudo vinculadas a fuentes anónimas que prometen producir pruebas más adelante– se han convertido en super-errores en retrospectiva.
>
> Informes del Abogado Especial Robert Mueller y del Inspector General de Justicia Michael Horowitz explotaron afirmaciones de que el abogado de Trump, Michael Cohen, se había reunido con hackers rusos en

Praga, que existía causa probable para creer que el asistente de Trump Carter Page era un agente extranjero, que Rusia y Trump se estaban comunicando a través de un servidor secreto de Internet, que existían pruebas de los esfuerzos rusos para chantajear sexualmente a Trump, que los rusos habían vetado a Mitt Romney como Secretario de Estado, y muchos otros.

Otras bombas... murieron en la plataforma de lanzamiento.[47]

Al momento que se escriben estas palabras, los administradores del proceso de destitución en la Cámara de Representantes están utilizando las tonterías acerca de la colusión con Rusia como si el Informe Mueller no existiera. Estas personas son "verdaderos creyentes".

Cualquiera que anhele consumir noticias de una manera racional debe ser consciente de ciertas cosas: la principal es la perspectiva, o inclinación editorial, o sesgo, del productor de cualquier noticia en particular. No creemos que necesitemos enumerar las principales aquí, ya que la mayoría de la gente probablemente es consciente de sus propias inclinaciones. Dicho esto, un nuevo fenómeno es notable con el advenimiento de la presidencia de Donald Trump.

La crueldad y la obsesión de destruir al hombre y a su presidencia es fácilmente discernible. Nadie puede negar que Trump ha logrado mucho, o al menos ha hecho cosas

---

47 Matt Taibbi, "2019: A Year the News Media Would Rather Forget", *Rolling Stone*, 2 de enero, 2020, https://www.rollingstone.com/politics/political-commentary/taibbi-2019-news-media-932789/.

en términos de políticas, que normalmente serían consideradas dignas de elogio o por lo menos dignas de ser mencionadas en las "noticias". Pero, con frecuencia, canales como CNN o MSNBC, durante este primer mandato, han sido mucho más propensos a publicar historias de la investigación Mueller, o exponer las supuestas infidelidades de Trump en el pasado, o historias de cómo él es racista, o sexista, o un Hitler en potencia, en lugar de cualquier mención, y mucho menos enfocarse, en el extraordinario avance en el mercado de valores, avances en la política exterior, número de empleos, detalles de los exitosos acuerdos comerciales negociados, los rehenes regresados, etc. Y ya sería demasiado pedir, por supuesto, por cualquier informe positivo sobre lo que Trump ha logrado por la causa pro-vida, porque eso constituye un asalto a la libertad personal en la mente de las élites en los medios de comunicación. Como un aparte, John tuvo el "placer" de ver a "Morning Joe" esta mañana mientras cambiaba canales. En un par de minutos, pudo ver al anfitrión, Joe Scarborough, refiriéndose a Stalin. "Justo a tiempo", pensó, al cambiar el canal.

El término "síndrome de enloquecimiento Trump" ha sido acuñado para describir a las personas que odian tanto al hombre que pierden toda perspectiva. Los católicos sabemos que la ira es uno de los siete pecados capitales, esos pecados de los que brotan tantos otros. En el caso de los medios de comunicación, su odio por Donald Trump les ha llevado a duplicar y hasta triplicar las noticias falsas, es decir, a mentir.

El nivel de odio dirigido al presidente Trump es diferente a cualquier otra cosa que hayamos visto en el siglo pasado. Sí, la política ha sido un deporte sangriento durante algún tiempo, y es verdad que los conservadores no perdieron ninguna oportunidad de atacar a Clinton y luego a Obama. Sin duda, hay un cierto nivel de odio de ese lado. Pero el caso Trump es verdaderamente especial y es normalmente basado en falsos testimonios, mentiras y calumnias; pecados enumerados en el Catecismo, y diseñados para destruir al hombre y a su familia.

Los siguientes temas de noticias falsas constantes son sólo algunas de las acusaciones que califican como tales.

Trump es racista. No, no lo es. Nada de la vida pasada o presente del hombre demuestra tal acusación. Ha sido durante mucho tiempo amigo de personas de todas las culturas y etnias. Mira la relación que ha desarrollado rápidamente con líderes extranjeros de países tan diversos como China, Arabia Saudita, Egipto, Italia, Japón e, incluso, Corea del Norte. A medida que los medios de comunicación lanzaban estas acusaciones infundadas, la mayoría silenciosa observó y consideró al Donald Trump que han visto en la televisión y en las noticias en las últimas décadas y pensó: "¡Noticias falsas!"

Tal vez la demostración más vívida de los intentos de los medios de comunicación de pintarlo como un racista fue en la tragedia de Charlottesville, después de la cual la mentira de que apoyaba a los supremacistas blancos dominó los titulares. Un artículo de Steve Cortés explica que Trump, de hecho, dijo:

> "Disculpe, no se pusieron como neonazis, y había algunas personas muy malas en ese grupo. Pero también había gente que era muy buena en ambos lados.

Había gente en ese grupo -discúlpame, discúlpame, vi las mismas fotos que tú. Había gente en ese grupo que estaba ahí para protestar por el derribo de una estatua y el cambio de nombre de un parque hasta entonces nombrado en honor de Robert E. Lee, alguien que, para ellos es muy, muy importante."

Después de otra pregunta en esa conferencia de prensa, Trump fue aún más explícito:

"No estoy hablando de los neonazis y los nacionalistas blancos porque ellos deberían ser condenados totalmente".[48]

Cortés continúa describiendo cómo, incluso ante esa clara condenación de los supremacistas blancos, la mentira de que "Trump es racista" se convirtió en la narrativa. Busca viejos clips de él con Jesse Jackson, Oprah Winfrey y otros prominentes americanos negros, incluso Don King. Ellos no lo consideraban racista. Donald Trump nunca fue llamado racista hasta que se postuló y ganó el puesto de presidente de los Estados Unidos. Eso te dice algo. Como escribió Cortés: "Por lo tanto, para cualquier persona honesta el llegar a la conclusión de que el presidente de alguna manera elogió a las mismas personas que realmente estaba ridiculizando revela un nivel de sesgo descarado y cegador".

Mientras escribimos este libro, Trump está ganando cada vez más impulso con los votantes de todas las razas. Consulte

---

[48]   Steve Cortes, "Trump Didn't Call Neo-Nazis 'Fine People.' Here's Proof." *RealClear Politics*, 21 de marzo, 2019, https://www.realclear politics.com/articles/2019/03/21/trump_didnt_call_neo-nazis_ fine_people_heres_proof_139815.html.

sus éxitos para la comunidad negra en la lista del apéndice. Considere sus esfuerzos a favor de los Colegios y Universidades Históricamente Negros (HBCU por sus siglas en inglés) y los esfuerzos para librar a las comunidades latinas de MS-13, su acercamiento a los nativos americanos y a los asiáticos americanos y pregúntese qué derecho tienen Don Lemon y otros de llamar a este hombre racista. La acusación es una mentira, una calumnia que los medios anti-Trump repiten con la esperanza de probar la verdad de la estrategia de la "gran mentira" atribuida al nazi Joseph Goebbels: "Si dices una mentira lo suficientemente grande y la sigues repitiendo, la gente eventualmente llegará a creerla".[49] Afortunadamente, su estrategia está fallando porque es tan obviamente falsa. Que la siguen repitiendo es un testimonio de su deshonestidad.

Trump es un misógino y un violador y un sexista y un mal sujeto en general cuando se trata de mujeres. No, no lo es. Parece haber sido un playboy y quizás a veces, en el pasado, un marido infiel más que nada. Pero nosotros los autores no sabemos ni siquiera eso -es decir, lo que hizo en el pasado. Nosotros no hemos investigado las revistas de Nueva York del siglo pasado y no sabemos lo que creeríamos si lo hiciéramos. ¿Vulgar cuando entre hombres?, seguro. Un millonario (¿o empezaba con "b" ya desde ese entonces?) en la ciudad de Nueva York en los años 70´s y 80´s. Hay un viejo dicho que dice: "Donde hay humo, hay fuego". Pero el humo tiene que ser real, no fabricado artificialmente. Trump, un hombre que

---

[49] "Joseph Goebbels: On the 'Big Lie'", Biblioteca Virtual Judía, accesada 3 de marzo, 2020, https://www.jewishvirtuallibrary.org/joseph-goebbels-on-the-quot-big-lie-quot

no bebe y que ha estado en el ojo público durante décadas, todavía se mantiene de pie porque, entre el "humo" fabricado por los medios acerca de agresión sexual, parece ser que no hay nada ahí. ¿Infidelidades hace muchos años? Quizás, pero nosotros no estamos seguros ni de eso, y no estábamos votando para presidente del consejo parroquial. Estábamos votando por presidente de los Estados Unidos en el 2016 y nos estamos preparando para hacerlo de nuevo en el 2020. ¿Hubiéramos votado por el Donald Trump de la "escena" de Nueva York hace treinta años? Probablemente no. Pero él parece estar felizmente casado ahora; sus hijos reflejan muy bien en él. Como católicos, nuestro apoyo a Donald Trump no significa ni que pensamos que nunca ha pecado -aunque la mayoría de las cosas que se han publicado de él han sido mentiras-, ni que tenemos que defender cada una de sus acciones. Y nosotros como católicos debemos dejar las mentiras y las calumnias a otros.

Trump coludió con Rusia. No, no lo hizo. Aunque esto se tratará con mayor detalle en un capítulo posterior, toda la narrativa rusa fue un fraude perpetrado al pueblo americano. Como Trump lo llama, "un engaño". Incluso las aserciones de que nosotros "sabemos" que Rusia trató de entrometerse en nuestra elección no han sido probadas. Sabemos que vamos en contra de muchos partidarios de Trump, o al menos funcionarios designados en el gobierno, con esta opinión, pero uno no puede o no debe equiparar tan fácilmente las travesuras al estilo Tom y Jerry que fueron descubiertas ni asociar la actividad de algunos rusos nebulosos con el estado ruso. Lo más probable es que Rusia lleve a cabo actividades de inteligencia como cualquier otra gran potencia e intente ejercer influencia de una manera u otra, pero creer que hubo algo especial o fuera de lo común sobre sus esfuerzos -es decir, los esfuerzos del gobierno ruso- en las elecciones del 2016, simplemente no está respaldado por los hechos. El informe de Mueller, que supuestamente iba a encontrar una "pistola humeante", no encontró nada relacionado con Trump coludiendo con los rusos. Más bien, lo declaró inocente a él y a su campaña de todos y cada uno de los cargos, a pesar de las protestas constantes de CNN y MSNBC.

La incapacidad de los medios de izquierda de ser introspectivos, y mucho menos de reconocer sus errores, a raíz de que el engaño ruso explotó en sus caras es algo inquietante de ver. Otro medio liberal, Vox, tiene un artículo muy interesante en internet. En él, Sean Illing entrevista al ya mencionado escritor Matt Taibbi. Es fascinante de leer, ya que a Illing parece dolerle el admitir algunos puntos que Taibbi hace acerca de los fracasos de los medios de comunicación en la promoción de la historia de la colusión con Rusia, e Illing quiere aferrarse a la noción de que algún bien se hizo. Taibbi no lo acepta y le da la vuelta. Aquí está Taibbi hablando de la reacción de los medios de comunicación a la elección de Trump:

> Luego, cuando se convirtió en presidente, la decisión instantánea fue declararlo ilegítimo y ayudado por extranjeros...pero eso no es lo que se supone que la prensa debe de hacer. Ese no es nuestro trabajo.
>
> Dada la seriedad de todo esto, dado el hecho de que había esta idea flotando en el aire de que Trump era

literalmente un espía, teníamos una responsabilidad de comprobarlo, pero también teníamos que pensar en la otra posibilidad, que es, ¿y si es falso? Bueno, si no es cierto, ¿de dónde diablos viene esto y por qué? ¿Y cuál era el propósito y cuál era el motivo de la gente que quería que pensáramos esto? Y nosotros abdicamos completamente nuestra responsabilidad en términos de la segunda mitad de esa ecuación.[50]

Aquí Taibbi, un hombre de la izquierda y ningún amigo del presidente Trump, defiende el papel de una prensa honesta y libre. Hizo las preguntas a las que, a raíz de los informes de Mueller y de Horowitz, todo reportero honesto debería estar persiguiendo respuestas: *Bueno, si es falso* (es decir, la afirmación de que Trump estaba en colusión con Rusia), *¿de dónde diablos viene esto y por qué? ¿Y cuál era el propósito y cuál era la motivación de la gente que quería que pensáramos esto?*

Hay un meme de una serie de HBO llamada True Detective. Aparentemente es una serie acerca de crímenes; no la hemos visto. Pero en el meme, el actor Matthew McGonaughey aparece en la escena; se ve duro, se ve amenazante, sentado ahí bebiendo de un frasco y fumando un cigarro mientras les dice a los detectives que lo entrevistan, "Comienza a hacer las preguntas correctas". Eso es lo que necesitamos que nuestros medios de comunicación hagan; eso es lo que necesitamos que hagan las agencias que aplican

---

50 Sean Illing, "Did the media botch the Russia story? A conversation with Matt Taibbi." *Vox*, 1 de abril, 2019, https://www.vox.com/2019/3/31/18286902/trump-mueller-report-russia-matt-taibbi.

la ley; eso es lo que nosotros como católicos tenemos que hacer. Si los medios de comunicación no fueran noticias falsas, estarían haciendo estas preguntas y más. Y el apodo de Trump para los medios de comunicación no resonaría tan bien con el público si empezaran a hacerlo.

La opinión de la Iglesia acerca del papel de los medios de comunicación

En el *Catecismo de la Iglesia Católica*, la enseñanza de la Iglesia sobre los medios de comunicación y sus responsabilidades están incluidas bajo el octavo mandamiento: "No darás falso testimonio contra tu prójimo." Cosas serias aparentemente. "La información proporcionada por los medios de comunicación está al servicio del bien común. La sociedad tiene derecho a información basada en la verdad, la libertad, la justicia y la solidaridad: "El ejercicio propio de este derecho exige que el contenido de la comunicación sea verdadero y, dentro de los límites establecidos por la justicia y la caridad, completo. Además, debe comunicarse honesta y correctamente. Esto significa que en la acumulación y en la publicación de las noticias, se deben observar la ley moral y los derechos legítimos y la dignidad del hombre.'"[51]

Comunicada honesta y correctamente. Tradicionalmente, las noticias que los medios de comunicación publicaban requerían fuentes sólidas. En la era Trump, hemos sido testigos de una de las fuentes más prolíficas en la historia del periodismo americano: "una fuente anónima cercana a..."

---

[51]   CCC 2494.

Esta persona, que aparentemente está en todas partes ha sido citada con tanta frecuencia en las historias anti-Trump que nos sorprende que a él, o ella, no se le haya dado su propio programa de televisión. La administración de Trump ha sufrido de "filtraciones" hostiles a los medios de comunicación a una escala sin precedentes.

Aquellos que prestan atención han oído al presidente decir o tuitear en más de una ocasión: "Las filtraciones son reales, las noticias son falsas". Trump, sabiendo que aquellos en el gobierno que se oponen a él (es decir, la resistencia) utilizan filtraciones a los medios de comunicación (un delito en muchos casos) como un arma política, tomó su puesto con un plan para contrarrestar este abuso entre los retenidos de la administración de Obama y sus contactos con los medios de comunicación. Después de todo, es prudente. Cuando Trump nos dice que las filtraciones son reales, pero las noticias son falsas, está diciendo a todo el mundo con ojos para ver y oídos para escuchar que ha puesto trampas para los filtradores y sus cómplices en los medios de comunicación, trampas en las que han estado demasiado dispuestos a caer. Algunas figuras de los medios de comunicación, así como sus fuentes ilícitas en el gobierno, ya han sido expuestas de esta manera, y vendrán más seguramente. Vea las noticias en el futuro, y veremos si se demuestra que estamos correctos en ese sentido.

El historial de los medios de comunicación con respecto a esta búsqueda y preocupación por la verdad, su función más básica, ha sido abismal. La prueba número uno podría ser el ignorar por muchos años a los cientos de miles de manifestantes pro-vida que han marchado en Washington, DC, cada año durante casi medio siglo. Una reunión masiva por cualquier medida. Y, sin embargo, los medios de comunicación no lo han cubierto. Las historias verdaderas que no quieren promover son ignoradas en favor de esfuerzos de ingeniería narrativa y de piezas de ataque contra aquellos con quienes no están de acuerdo.

En el caso del presidente, ninguna historia anti-Trump, ninguna, fuera lo sensacionalista que fuera, era demasiado "descabellada" para publicar sin ser debidamente investigada. Los medios de comunicación en este país han necesitado ser llamados a rendir cuentas durante muchos años, y Trump hace al país un gran favor al hacerlo. Puede que no te guste su estilo, pero la forma en que ha utilizado, magistralmente, las redes sociales para comunicarse directamente con su audiencia, evitando así a los guardias tradicionales de lo que se le permite oír al público, ha sido sumamente eficaz e invita a una rápida discusión sobre el nuevo panorama de los medios de comunicación, un panorama que, a pesar de sus escollos, nivela el campo de juego de una manera que aplaudiría el gran escritor católico inglés de la era eduardiana Hilaire Belloc.

Una vez más, el *Catecismo*: "'Es necesario que todos los miembros de la sociedad satisfagan las demandas de justicia y de caridad en este ámbito.[52] Deben ayudar, a través de la

---

[52]   Los autores reconocen que Trump no es un ejemplo de discurso caritativo, dada su inclinación por asignar apodos a sus oponentes. Pero eso no supera las abrumadoras razones para votar por él, y la verdad sea dicha, nosotros, como la mayoría de sus partidarios, disfrutamos en gran medida de estos golpes humorísticos. Nunca afirmamos ser perfectos.

comunicación social, a la formación y difusión de una buena opinión pública.' La solidaridad es una consecuencia de una comunicación genuina y correcta y de la libre circulación de ideas que aumentan el conocimiento y el respeto por los demás."[53]

Aunque internet está ciertamente lejos de ser una bendición absoluta, en el área de la difusión de noticias y la cultivación de una prensa verdaderamente libre, ha sido un bien positivo. Antes de reírse y descartar esta noción basada en la broma "Lo leí en internet...," considera lo siguiente.

Con la llegada de internet, una amplia variedad de medios y acceso a archivos y registros públicos es ahora accesible al golpe de unas cuantas teclas. Uno puede leer y digerir noticias de una variedad de fuentes mucho más fácilmente que nunca. Por supuesto, la mayoría de la gente lee sólo las fuentes que confirman sus propios prejuicios o pensamientos. Eso es un error según Belloc. Uno de los escritores más prolíficos en el idioma inglés, Belloc es conocido por su trabajo histórico, sus ensayos, su prosa humorística infantil...en fin, escribió mucho y muy bien.

The Free Press ("La Prensa Libre"), publicado por primera vez en 1918 y uno de sus libros menos apreciados, es especialmente pertinente en esta discusión. En él, Belloc identifica un par de influencias perniciosas en "la prensa" de su tiempo, que sólo ahora, en nuestro tiempo, han sido efectivamente contrarrestadas por el advenimiento de internet: la consolidación y el papel e increíble poder del anunciante o, en términos más amplios, el dinero. Antes de que se

---

[53]   CCC 2495.

produjera esta consolidación, Belloc describe un paisaje en el que "un hombre podía imprimir y vender rentablemente mil copias de su versión de una noticia, de sus opiniones, o las de su grupo. Había cientos de otros hombres que, si se organizaban, tenían los medios para establecer un relato y una opinión rivales. Veremos cómo...estas protecciones se deterioraron y los malos personajes descritos se incrementaron a su enormidad actual."[54]

Junto con la consolidación, que ha avanzado rápidamente y continúa hoy en día entre los periódicos impresos, así como en otras formas de medios de comunicación, él señaló el poder del dinero. Llamó específicamente a los anunciantes, a menudo poderosos intereses empresariales que los periodistas de su época no se atrevían a contrariar. Según Belloc, el periodista de su época "se veía obligado a respetar a sus anunciantes como si fueran sus patrones".[55]

Hoy en día, se podría considerar menos el poder únicamente, o incluso principalmente, de los anunciantes y, más generalmente, el poder de los intereses especiales, ya sean empresariales, gubernamentales o bien grupos de presión bien financiados, como el movimiento LGBTQ entre otros. Estos intereses especiales, al parecer, ahora controlan a los propios anunciantes y parecen dictar las políticas de censura y de "deplataformación" de Big Tech como Facebook y Twitter.

Pero las claves del poder de los medios de comunicación

---

[54] Hilaire Belloc, *The Free Press* (Norfolk: IHS Press, 2002),pág. 31.

[55] Ibid., 34.

son el dinero, el alcance y una ideología uniforme, o "pensamiento de grupo".

Con respecto a el dinero, en el pasado no había nadie que retara a la opinión recibida de los medios de comunicación principales. Por supuesto, siempre ha habido diarios y programas de radio que iban más allá de lo que era "aceptable" tanto de derecha como de izquierda, pero por regla general, su dinero era limitado y, como consecuencia, también lo era su alcance.

Algunos shows de radio rompieron este esquema en cierta medida; el éxito de Rush Limbaugh obtuvo alcance primero seguido de dinero, pero el verdadero cambio se dio, sin duda, con la llegada de internet.

Mientras los medios de comunicación convencionales tuvieran un control sobre el discurso, su ideología y su narrativa nunca fueron retadas. Como la mayoría de los profesores universitarios de periodismo ahora adoptan perspectivas de izquierda, muchos incluso de extrema izquierda, sus puntos de vista se transmiten a sus estudiantes, que luego entran en la profesión con algo menos que la objetividad deseada. Aunque no fuera cierto que la mayoría de los periodistas corporativos sean hombres y mujeres de izquierda, la consolidación de la prensa ha llevado al fenómeno de que los puntos de conversación que se difunden a través del ecosistema hacen que los reporteros corporativos repitan como loros lo que dicen los demás. Todos hemos visto esos clips humorísticos donde docenas de presentadores de noticias en todo el país usan exactamente las mismas palabras para contar una historia.

Estos tres factores —dinero, alcance y uniformidad de

ideología— dieron a los medios de comunicación su poder y, en consecuencia, una especie de rol como "hacedores de reyes" y, para el caso, "no hacedores". "Es el advenimiento del gran propietario del periódico como el verdadero poder de gobierno en la maquinaria política del estado, superior a los funcionarios en el estado, nominando y descartando ministros, imponiendo políticas y, en general, usurpando la soberanía",[56] fue como lo dijo Belloc.

Esto siguió siendo así hasta que Donald Trump llegó a la escena y dijo con valentía que el emperador -los medios de comunicación- no tiene ropa. Los medios de comunicación se han acostumbrado durante muchos años a enmarcar la narrativa, manipular la opinión, hacer y romper carreras políticas e incluso promover guerras a través de su cobertura o encubrimientos. Funcionó bien durante mucho tiempo. Considere la famosa cita de William Randolph Hearst durante el período de la guerra hispanoamericana: "Tú dame las fotos y yo te doy la guerra". Esto fue en respuesta al artista Frederic Remington que había sido enviado a Cuba por el periódico de Hearst. Remington había telegrafiado a Hearst diciéndole que no parecía que habría guerra. La respuesta de Hearst reveló una conciencia de su poder y una voluntad de usarlo para manipular a la opinión pública en una dirección deseada. Y, sí, por supuesto, hubo guerra.

La capacidad de los medios de comunicación para impulsar una política se ha visto muy disminuida en la era de internet y las redes sociales. Medios de comunicación alternativos,

---

[56] Ibid., 38.

la "prensa libre" como los llamaría Belloc,[57] ahora tienen una plataforma que sus antepasados envidiarían. A una escala más masiva, el presidente Trump utiliza el púlpito máximo, su cuenta de Twitter que tiene más de setenta millones de seguidores, con gran efecto.

Ahora, con el clic de un ratón, un consumidor de noticias puede comprobar la veracidad de artículos, ya que muchos están vinculados a sus documentos de origen. Un libro como este (especialmente su versión de libro electrónico), con tantos enlaces a artículos y videos, crea un consumidor de noticias mucho más educado. Ya no estamos a merced de los ingenieros narrativos de los medios de comunicación convencionales. Su poder de monopolio está finalmente muerto; internet lo mató. Donald Trump y su movimiento populista de base se han limitado a presidir los ritos funerarios y han lanzado la primera pala de tierra sobre la tumba.

En términos del poder de los medios de comunicación para destruir la carrera de alguien, el hecho de que no ha funcionado con Donald Trump es una anomalía, ese poder permanece. Pero si no ha funcionado con Trump, eso plantea la pregunta, "¿Por qué?" Para empezar, él debe estar "limpio", una rareza en Washington. Pero también porque él está dispuesto a defenderse. Trump es único en su capacidad no sólo de no tener miedo de los medios de comunicación, sino para hacer campaña acerca de su absoluto desdén y desprecio por ellos, que es muy merecida en la opinión de estos dos católicos por las razones ya enumeradas en este capítulo. ¿Podría

---

[57]   Pero no se equivoquen, no estamos respaldando la opinión de ninguno de los puntos de vista alternativos en particular; tu tienes que utilizar tu juicio informado al evaluarlos.

otra persona haber resistido lo que él resistió durante la campaña del 2016 o en los años subsecuentes? No. Él es único, y esta es otra razón para votar por este hombre. Es intrépido; es valiente; él es un guerrero, y no será acobardado.

Su habilidad (que no debe ser subestimada en comparación con otros políticos) y su capacidad de ir directamente a la gente con una "super noticia" en gran parte mitiga la siguiente observación hecha por Belloc hace un siglo: "Los hombres poco a poco se dieron cuenta de que una cosa tras otra de gran interés público, a veces de vital interés público, fueron deliberadamente suprimidas en los principales diarios oficiales, y que cada vez más falsedades fueron sugeridas, o declaradas.[58]

¿Recuerdas sus tuits en marzo del 2017 alegando que la administración de Obama había "intervenido" sus teléfonos en la Torre Trump? Fueron ampliamente desechados y causa de burla por muchos, pero él tenía razón. No literalmente, tal vez, en su uso de lenguaje no actualizado en el mundo del espionaje y la vigilancia, pero, esencialmente, tenía razón. Simplemente lo puso ahí, una idea que una vez habría sido fácilmente suprimida por los medios de comunicación; la esencial verdad de su afirmación ha sido demostrada ante nuestros ojos en los últimos meses y años, y no hay nada que las "noticias falsas" puedan hacer al respecto. Para tomar prestado de nuevo el lema del Washington Post, la democracia estaba muriendo en la oscuridad, pero era la manipulación y la supresión de noticias y una negación políticamente motivada a hacer las preguntas correctas y obvias por parte

---

[58]   Ibid, 59.

de la prensa lo la estaba matando. Es de esperar que futuros periodistas aprendan las lecciones de este particularmente vergonzoso período de malas prácticas periodísticas.

5

EL PUEBLO CONTRA LAS ÉLITES GLOBALES

El Magisterio reconoce la importancia de la soberanía nacional, entendida sobre todo como una expresión de la libertad que debe regir las relaciones entre los Estados. La soberanía representa la subjetividad de una nación, en el sentido político, económico, social e incluso cultural. La dimensión cultural adquiere particular importancia como una fuente de fortaleza para resistir actos de agresión o formas de dominación que tienen repercusiones en la libertad. La cultura constituye la garantía para la preservación de la identidad de un pueblo y expresa y promueve su soberanía espiritual.[59]

Compendio de la Doctrina Social de la Iglesia 435

Nuestra gran civilización, aquí en los Estados Unidos y en todo el mundo civilizado, ha llegado al momento de ajustar cuentas. Lo

---

[59] Pontifical Council for Justice and Peace, *Compendium of the Social Doctrine of the Church* (Washington, DC: USCCB Publishing, 2005), no. 435, http://www.vatican.va/roman_curia/pontifical_councils/justpeace/documents/rc_pc_justpeace_doc_20060526_compendio-dott-soc_en.html#Defending peace.

hemos visto en el Reino Unido, donde votaron para liberarse de un gobierno global y de acuerdos comerciales globales, y de acuerdos de inmigración globales que han destruido su soberanía y han destruido a muchas de esas naciones. Pero la base central del poder político mundial está justo aquí en los Estados Unidos, y es nuestro establecimiento político corrupto que es el mayor poder detrás de los esfuerzos de globalización radical y la privación de los derechos de los trabajadores. Sus recursos financieros son prácticamente ilimitados, sus recursos políticos son ilimitados, sus recursos de comunicación son inigualables y, lo que es más importante, la profundidad de su inmoralidad es absolutamente ilimitada. Lo único que puede detener a esta máquina corrupta eres tú. La única fuerza lo suficientemente fuerte para salvar a nuestro país somos nosotros. La única gente lo suficientemente valiente como para votar este establecimiento corrupto son ustedes, el pueblo americano. Vamos a tener una política: América primero.[60]

ADEMÁS de esos muchos miembros de los medios de comunicación que lo odian, Donald Trump se ha creado enemigos en abundancia, número uno entre ellos la "élite global". Porque ha inspirado—o si no inspirado, entonces, a través de su victoria y sus discursos le han dado tremenda esperanza y aliento a—otros movimientos populistas alrededor del mundo. Considera a Inglaterra y el Brexit, el histórico voto del pueblo británico para abandonar la Unión Europea.[61]

---

[60]   Transcripción de "Speech that made Trump President", Trollitics, video, 5:37, 9 de noviembre, 2016, https://www.youtube.com/watch?v-szaKnOhJbow&t.

[61]   Aunque, en un sentido, la victoria de Trump podría considerarse que inspiró el Brexit, en realidad los "Brexiteers" han estado trabajando contra la absorción del Reino Unido en la Unión Europea durante años. Nadie lo hizo más eficazmente que Nigel Farage en

Este referéndum, cuyo resultado fue salir de la Unión, se llevó a cabo en el 2016. Casi cuatro años después, finalmente están logrando aquello por lo que votaron. Esta no es la primera vez que las élites políticas globales, que profesan "valores democráticos", tratan de anular, esperar o ignorar la voluntad del pueblo. Su afirmación de ser los grandes promotores y defensores de la democracia se comprueba como falsa cuando un voto no se da de acuerdo con sus planes. ¿Qué tan pronto después de que Trump fuera elegido comenzó "la resistencia"? ¿Y qué hay de su exportación de la democracia en todo el mundo a través de los desastrosos cambios de régimen?

Dada su trayectoria, nos parece que las llamadas "élites globales" son malvadas o incompetentes. Tal vez ambas. Sus logros incluyen, generalmente, una nueva situación en los desafortunados países a los que van a ayudar en los cuales el capitalismo demagogo y la corrupción son el sello distintivo de los gobiernos y de los sistemas económicos que instalan… al menos para las personas que sobreviven a su "liberación". Por lo tanto, si Donald Trump utiliza lenguaje vulgar con esa gente, bueno…

Uno puede mirar atrás al 2008 para ver un vívido ejemplo del desprecio que las élites globales tienen tanto para con la democracia como para con los "Joe Blows" alrededor del

---

el vientre de la bestia, en el propio parlamento de la UE. Hace una década, a menudo me entretenían e inspiraban las mordaces denuncias de Farage acerca de los excesos y los impulsos dictatoriales de la élite global en Bruselas. Puede ver una compilación de algunos de sus mejores discursos aquí: https://www.youtube.com/watch?v=HhGNoZfvRoA.

mundo. En ese año, los irlandeses fueron presentados con un referéndum referente a la entrada en la UE llamado "Tratado de Lisboa", y votaron en contra.

Brendan O'Neil, en un artículo de opinión en The Guardian, escribió:

> Imagínese si, después de la elección de Barack Obama por el 52.9% de los votantes americanos, el partido republicano, que obtuvo sólo el 45.7% de los votos, exigiera otra elección. Imagínese si los republicanos describieran la victoria de Obama como un "triunfo de la ignorancia" -provocado por una masa "ignorante" de personas que deberían haber sido "aplastadas por las fuerzas del establecimiento"- e insistieran en la celebración de una segunda elección para que, esta vez, los votantes pudieran "hacerlo bien"…El acuerdo "tras puertas cerradas" de los funcionarios de la UE para forzar un segundo referéndum en Irlanda revela su absoluto desprecio por los votantes irlandeses y por la propia democracia. Es un golpe histórico contra la soberanía del pueblo.[62]

Ese mismo párrafo podría haber sido escrito acerca de la reacción del *establecimiento* a la victoria electoral de Trump en el 2016. Las élites no costeras habían hablado, y el *establecimiento*, al no gustarle lo que oyeron, se propuso a socavar y derribar su presidencia. ¡Oh, que amantes de "nuestra

---

[62] Brendan O'Neill, "What part of Ireland's 'no' does the EU not understand?" *The Guardian*, 13 de diciembre, 2008, https://www. theguardian.com/commentisfree/2008/dec/13/eu-ireland-lisbon -treaty.

democracia" —como ellos tan torpemente la llaman- son ellos! Donde quiera que las élites globales son desafiadas, siempre caracterizan a la gente normal en términos similares a los utilizados en el artículo de O'Neill citado anteriormente.

El globalismo —en la práctica el gobierno de una aristocracia autodesignada— es un problema mundial, y, felizmente, a raíz de la victoria de Trump, los partidos y políticos anti globalistas han dado grandes avances en el retorno del poder a sus respectivos pueblos. América primero -es decir, el amor al país, al hogar, y al prójimo- tiene ecos al otro lado del charco en países como Polonia, Hungría, Eslovaquia, Austria y otros. En Inglaterra, el Brexit finalmente encontró a su campeón en la calle Downing en Boris Johnson. (Durante mucho tiempo ya había tenido uno en las trincheras y en el Parlamento Europeo en Nigel Farage.) En Italia, Matteo Salvini se está convirtiendo una vez más en el principal poder político. En Hungría, Viktor Orban es un rival digno de ese villano del globalismo: George Soros.

Por supuesto, en todas partes en las que el movimiento populista está progresando -es decir, el pueblo se está haciendo valer contra sus amos políticos- están siendo calumniados por los medios internacionales de noticias falsas como racistas, nacionalistas blancos, y más. Pero al igual que en los Estados Unidos, estas acusaciones son calumnias por aquellos que tienen mucho que perder si la soberanía es devuelta al pueblo. Los autores son católicos, uno de nosotros mexicanoamericano y el otro irlandés-americano, y creemos que el racismo es un pecado. Pero apoyamos a Donald Trump y al movimiento populista que él dirige. Tú deberías hacer lo mismo.

El discurso pronunciado por el presidente Trump en el Foro Económico Mundial en Davos, Suiza el 21 de enero de 2020, fue una magnífica burla a las élites globales cuya creación él se ha dispuesto a destruir. Ahí se dirigió a sus enemigos políticos, como siempre mostrando el valor que uno no encuentra entre los políticos —o nadie en general— y les dijo las muchas maneras en que lo que él está haciendo está beneficiando a su pueblo, y los invitó a hacer lo mismo por los suyos. Fue, de hecho, muy amable, como suele serlo normalmente en el escenario mundial. ¿Lo escucharán? ¿Quién sabe? Pero ten la seguridad de que sus pueblos escucharán de este discurso.

PRESIDNTE TRUMP: Bueno, muchas gracias, Klaus. Y una felicitación muy especial por su 50 aniversario acogiendo la reunión anual del Foro Económico Mundial. Un logro realmente increíble. Es un honor dirigirme a los distinguidos miembros de esta organización por segunda vez como presidente. Cuando hablé en este foro hace dos años, les dije que habíamos lanzado el gran regreso americano. Hoy, estoy orgulloso de declarar que Estados Unidos está en medio de un boom económico como el que el mundo nunca ha visto antes.

Hemos recuperado nuestro paso, descubrimos nuestro espíritu y despertamos la poderosa maquinaria de la iniciativa americana. Estados Unidos está prosperando, Estados Unidos está floreciendo, y sí, Estados Unidos está ganando de nuevo como nunca.

Sólo la semana pasada, los Estados Unidos concluyeron

dos acuerdos comerciales extraordinarios: el acuerdo con China y el acuerdo Estados Unidos-México-Canadá, los dos acuerdos comerciales más grandes que jamás se hayan hecho. Casualmente se concluyeron en la misma semana.

Estos acuerdos representan un nuevo modelo de comercio para el siglo XXI, acuerdos que son justos, recíprocos y que priorizan las necesidades de los trabajadores y las familias. El cambio económico de Estados Unidos ha sido nada menos que espectacular.

Cuando asumí el cargo hace tres años, la economía de Estados Unidos estaba en un estado bastante triste. En la administración anterior, casi 200,000 empleos manufactureros habían desaparecido, los salarios estaban fijos o cayendo, casi 5 millones más de americanos habían dejado la fuerza laboral de los que habían conseguido empleo, y más de 10 millones de personas se habían añadido a la nómina de cupones de alimentos.

Los expertos predecían una década de crecimiento muy, muy lento —o incluso un crecimiento negativo— un alto desempleo, una mano de obra cada vez menor, y una clase media muy reducida. Millones de trabajadores, ciudadanos comunes, se sentían descuidados, traicionados, olvidados. Estaban perdiendo rápidamente la fe en el sistema.

Antes de que comenzara mi presidencia, las perspectivas para muchas naciones eran sombrías. Los principales economistas advertían de una prolongada recesión mundial. El Banco Mundial redujo sus proyecciones de crecimiento mundial a un número en el que nadie quería pensar. El pesimismo se había arraigado profundamente en la mente de los principales pensadores, líderes empresariales y responsables políticos.

Sin embargo, a pesar de todos los cínicos, yo nunca había tenido tanta confianza en el futuro de los Estados Unidos. Sabía que estábamos al borde de un profundo resurgimiento económico, si hacíamos las cosas bien, que generaría una ola histórica de inversión, crecimiento de los salarios y creación de empleos.

Sabía que, si desatábamos el potencial de nuestra gente, si reducíamos los impuestos, recortábamos las regulaciones -y lo hicimos a un nivel que nunca se había hecho antes en la historia de nuestro país, en un corto período de tiempo— arregláramos acuerdos comerciales rotos y aprovecháramos plenamente la energía americana, la prosperidad volvería a una velocidad récord. Y eso es exactamente lo que hicimos, y eso es exactamente lo que sucedió.

Desde mi elección, Estados Unidos ha ganado más de 7 millones de empleos -una cifra impensable. Yo no lo dije, no hablé de ello, pero ese era el número que tenía en mente. La proyección fue de 2 millones; hicimos 7 [millones], más del triple de las propias proyecciones del gobierno.

La tasa de desempleo es ahora inferior al 3, 4 y 5 por ciento. Y en 3.5 por ciento, ese el número más bajo en más de 50 años. La tasa de desempleo promedio durante mi administración es más baja que la de cualquier presidente en la historia de los EE.UU. Empezamos con una tasa razonablemente alta.

Por primera vez en décadas, la riqueza ya no se está concentrando en manos de unos pocos. Estamos concentrando y creando la economía más inclusiva que jamás haya existido.

Estamos levantando a los americanos de todas las razas, colores, religiones y credos.

Las tasas de desempleo entre los afroamericanos, los hispanoamericanos y los asiático-americanos han alcanzado mínimos históricos. El desempleo juvenil afroamericano ha alcanzado su nivel más bajo en la historia de nuestro país. La pobreza afroamericana se ha desplomado a la tasa más baja jamás registrada. La tasa de desempleo de las mujeres alcanzó el nivel más bajo desde 1953. Y las mujeres, por primera vez, componen la mayoría de la fuerza laboral americana.

La tasa de desempleo de los veteranos ha caído a un mínimo histórico. La tasa de desempleo de los americanos con discapacidades ha alcanzado un mínimo histórico. Los trabajadores sin un diploma de bachillerato han logrado la tasa de desempleo más baja registrada en la historia de los Estados Unidos. Los salarios están aumentando en todos los sectores. Y los que están en la parte inferior de la escala de ingresos están disfrutando, con mucho, de las mayores ganancias porcentuales.

Los salarios de los trabajadores están creciendo más rápido que los salarios de los gerentes. El crecimiento de los sueldos para el 10 por ciento inferior está superando a el 10 por ciento superior -algo que no ha sucedido. Los sueldos los graduados del bachillerato están aumentando más rápido que para los universitarios.

Los jóvenes americanos que acaban de entrar en la fuerza laboral también están compartiendo la extraordinaria prosperidad de los Estados Unidos. Desde que tomé mi cargo más de 2 millones de milenarios han conseguido trabajo, y sus salarios han crecido casi un 5 por ciento anual, un número que era impensable. Nadie hubiera pensado que era posible hace tres años. Un número récord de americanos de entre 25 y 34 años están trabajando.

En los ocho años anteriores a mi administración, más de 300,000 personas en edad de trabajar abandonaron la fuerza laboral. En sólo tres años en mi administración, 3.5 millones de personas se han unido a la fuerza laboral. Diez millones de personas han sido sacadas de la asistencia social en menos de tres años. Celebrar la dignidad del trabajo es un pilar fundamental de nuestra agenda.

Este es un boom laboral. Desde mi elección, la riqueza neta de la mitad inferior de los asalariados ha aumentado en más de 47 por ciento -tres veces más rápido que el aumento del 1 por ciento superior. La mediana real de los ingresos familiares está en el nivel más alto jamás registrado.

El Sueño Americano ha vuelto, más grande, mejor y más fuerte que nunca. Nadie se está beneficiando más que la clase media de Estados Unidos.

Hemos creado 1.2 millones de puestos de trabajo de manufactura y de construcción -una cifra también impensable. Después de perder 60,000 fábricas bajo las dos administraciones anteriores, -difícil de creer cuando escuchas "60,000 fábricas"- América ha ganado, en muy poco tiempo, 12,000 nuevas fábricas bajo mi administración. Y el número está creciendo rápidamente. Vamos a superar el número de 60,000 que perdimos, excepto que estas serán más grandes y nuevas.

Años de estancamiento económico han dado paso a un géiser de oportunidades. En Estados Unidos los mercados de valores se han elevado en más de un 50 por ciento desde mi elección, sumando más de 19 billones de dólares para la riqueza de los hogares, e incrementando el valor de 401(k)s, pensiones, y ahorros para la universidad para millones de familias trabajadoras.

Y estos grandes números son muchas cosas, y son a pesar del hecho de que la Reserva Federal ha aumentado las tasas de interés demasiado rápido y las ha bajado demasiado lentamente. E incluso ahora, Estados Unidos es, con mucho, la potencia económica más fuerte del mundo, ni siquiera están cerca. Iban a estar cerca, pero nos pasaron muchas cosas buenas, y algunas cosas no tan buenas sucedieron en otros lugares.

Se ven obligados a competir, y nosotros competimos con naciones que están ofreciendo tasas negativas -algo muy nuevo- lo que significa que les pagan por pedir dinero prestado. Algo a lo que podría acostumbrarme muy rápido. Me encanta.   ¿Tengo que pagar mi préstamo? Muy bien. ¿Cuánto voy a recibir?

Sin embargo, todavía tenemos los mejores números que hemos tenido en muchas áreas. Es un enfoque conservador, y tenemos un tremendo potencial al alza, una vez que todos los acuerdos comerciales y la desregulación masiva entren en vigor este año, especialmente hacia el final del año. Esas transacciones comerciales ya están empezando a hacerse sentir. Las regulaciones están entrando en marcha ahora mismo.

Y veo un potencial tremendo para el futuro. Ni siquiera hemos empezado, porque los números de los que estamos hablando son enormes.

Se acabó el tiempo del escepticismo. La gente está fluyendo de vuelta a nuestro país. Las empresas están volviendo a nuestro país. Muchos de ustedes, a quienes conozco bien, están regresando con sus plantas y sus fábricas. Muchas gracias. La prosperidad americana recién descubierta es innegable, sin precedentes e inigualable en ninguna parte del mundo.

Estados Unidos logró este impresionante cambio no mediante pequeños cambios en unas cuantas políticas, sino adoptando un enfoque completamente nuevo centrado enteramente en el bienestar de los trabajadores americanos.

Cada decisión que tomamos —sobre impuestos, comercio, regulación, energía, inmigración, educación y más— se centra en mejorar las vidas de los americanos comunes y corrientes. Estamos decididos a crear el más alto nivel de vida que cualquiera pueda imaginar, y ahora mismo, eso es lo que estamos haciendo por nuestros trabajadores. El más alto del mundo. Y estamos decididos a asegurar que la clase trabajadora y la clase media obtengan las mayores ganancias.

El deber más alto de una nación es con sus propios ciudadanos. Honrar esta verdad es la única manera de construir la fe y la confianza en el sistema de mercado. Sólo cuando los gobiernos pongan a sus propios ciudadanos en primer lugar, la gente estará totalmente invertida en el futuro nacional. En los Estados Unidos, estamos construyendo una economía que funciona para todos, restaurando los lazos de amor y de lealtad que unen a los ciudadanos e impulsan a las naciones.

Hoy en día, sostengo el modelo americano como un ejemplo para el mundo de un sistema de libre empresa que funciona y que producirá los mayores beneficios para la mayoría de las personas en el siglo XXI y más allá. Una agenda a favor del trabajador, a favor del ciudadano y a favor de la familia demuestra cómo una nación puede prosperar cuando sus comunidades, sus empresas, su gobierno y su gente trabajan juntos por el bien de toda la nación.

Como parte de esta nueva visión, pasamos el mayor paquete de recortes de impuestos y reformas en la historia de Estados Unidos. Duplicamos el crédito fiscal por hijos, beneficiando a 40 millones de familias y sacando de la pobreza a 650,000 madres solteras y a su millón de hijos -y sacándolos de la pobreza rápidamente.

Pasamos el primer crédito fiscal para los empleadores que proporcionan permiso de ausencia por paternidad pagada para los empleados que ganan $72,000 o menos anualmente, y pasamos el permiso de ausencia familiar pagada para los empleados del gobierno como modelo para el resto del país.

Hicimos que el cuidado de niños fuera mucho más asequible y reducimos o eliminamos las listas de espera de cuidado infantil en todo el país. Nuestras reformas de cuidado infantil están apoyando a los padres que trabajan y asegurando que sus hijos tienen acceso a atención y educación de alta calidad, todo lo cual se merecen.

Hemos reducido nuestro impuesto a las empresas de uno de los más altos del mundo desarrollado a uno que no solo es competitivo, sino uno de los más bajos.

Creamos casi 9,000 zonas de oportunidad en comunidades en dificultades donde las ganancias de capital en inversiones a largo plazo ahora tienen un impuesto de cero, y una enorme riqueza está vertiendo en áreas que durante cien años no vieron nada.

Los 35 millones de americanos que viven en estas áreas ya han visto aumentar los valores de sus viviendas en más de

$22 mil millones de dólares. Mi administración ha hecho inversiones históricas en universidades y colegios históricamente negros. Los salvé. Los salvamos. Estaban cerrando y los salvamos.

Estamos eliminando los obstáculos al éxito y recompensando a las empresas que invierten en trabajadores, familias y comunidades. También hemos lanzado la campaña más ambiciosa de la historia para reducir las regulaciones que matan puestos de trabajo. Por cada nueva regulación adoptada, estamos eliminando ocho viejas regulaciones, que ahorrarán un promedio de alrededor de $3,100 por año a los hogares americanos. Iba a ser, "por cada uno, eliminamos dos", pero pudimos elevar esto a ocho, y creemos que esto puede crecer todavía más. Aún nos queda mucho camino por recorrer.

Hoy solicito a otras naciones a que sigan nuestro ejemplo y liberen a sus ciudadanos del peso aplastante de la burocracia. Hiendo dicho esto, ustedes tienen que dirigir a sus propios países de la manera que deseen.

También estamos restaurando el estado de derecho constitucional en los Estados Unidos, que es esencial para nuestra economía, nuestra libertad y nuestro futuro. Y es por eso por lo que hemos nombrado a más de 190 jueces federales -un récord- para que interpreten la ley como está escrita. Ciento noventa jueces federales —piensen en eso— y dos jueces de la Corte Suprema.

Como resultado de nuestros esfuerzos, la inversión está llegando a nuestro país. En el primer semestre del 2019, los Estados Unidos atrajeron casi una cuarta parte de toda la inversión extranjera directa en el mundo, piense en ello.

El veinticinco por ciento de toda la inversión extranjera en todo el mundo se hizo en los Estados Unidos, y ese número está aumentando rápidamente.

Para cualquier negocio que busca un lugar donde sean libres de invertir, construir, prosperar, innovar y tener éxito, no hay mejor lugar en la tierra que los Estados Unidos.

Como parte central de nuestro compromiso con la construcción de una sociedad inclusiva, establecimos el Consejo Nacional para el Trabajador Americano. Queremos que cada ciudadano, independientemente de su edad o antecedentes, tenga las habilidades de vanguardia para competir y tener éxito en el futuro. Esto incluye industrias críticas como la inteligencia artificial, la computación cuántica y el 5G.

Bajo el liderazgo de Ivanka -que está con nosotros el día de hoy— nuestro Compromiso con los Trabajadores Americanos se ha convertido en un movimiento nacional con más de 400 empresas que se comprometen a proporcionar nuevas oportunidades de empleo y formación a cerca de 15 millones de estudiantes y trabajadores americanos. Quince millones.

Estados Unidos está haciendo cambios radicales para colocar a los trabajadores y sus familias en el centro de nuestra agenda nacional. Tal vez el cambio más transformador de todos se deba a la reforma comercial, donde estamos abordando problemas crónicos que han sido ignorados, tolerados o habilitados durante décadas. Nuestros líderes no hicieron nada acerca lo que nos sucedió en el comercio.

Antes de ser elegido, las prácticas depredadoras de China perjudicaban el comercio para todos, pero nadie hacía nada al respecto, excepto permitir que las cosas empeoraran cada vez más. Bajo mi liderazgo, Estados Unidos se enfrentó al problema de frente.

Bajo nuestro nuevo acuerdo fase 1 -la segunda fase estará iniciando negociaciones muy pronto— China ha acordado hacer sustancialmente cosas que no habrían hecho: medidas para proteger a la propiedad intelectual; detener las transferencias de tecnología forzadas; eliminar los obstáculos al comercio de los productos agrícolas, donde nos habían tratado tan mal; abrir su sector financiero totalmente —eso ya está hecho— y mantener una moneda estable, todo respaldado por una ejecución muy, muy fuerte.

Nuestra relación con China, en este momento, probablemente nunca ha sido mejor. Pasamos por un periodo muy duro, pero nunca, nunca ha sido mejor. Mi relación con el presidente Xi es extraordinaria. Él vela por China; yo por los EE.UU. Pero aparte de eso, nos amamos.

Además, China gastará $200 millones de dólares adicionales en un periodo de dos años en servicios, agricultura, energía, y productos manufacturados en Estados Unidos. Así que vamos a tomar un exceso de $200 mil millones de dólares; podría estar más cerca de $300 mil millones cuando termine. Pero estos logros no habrían sido posibles sin la implementación de aranceles, que tuvimos que usar, y los estamos usando con otros también. Y es por eso por lo que la mayoría de nuestros aranceles a China seguirán vigentes durante las negociaciones de la segunda fase. En su mayor parte, los aranceles se han dejado, y nos pagan miles de millones de dólares al año como país.

Como mencioné anteriormente, terminamos el desastre del TLCAN, uno de los peores acuerdos comerciales jamás realizados; ni siquiera de cerca —y lo reemplazamos con el increíble nuevo acuerdo comercial, el USMCA —eso es México y Canadá.

En los casi 25 años desde la firma del TLCAN, Estados Unidos perdió 1 de cada 4 puestos de trabajo de manufactura, incluyendo casi 1 de cada 4 empleos de fabricación de vehículos. Era un incentivo para salir del país. El acuerdo del TLCAN ejemplificó las largas fallas del sistema de comercio internacional. El acuerdo cambió la riqueza a manos de unos pocos, promovió la externalización masiva, redujo los salarios y clausuró miles de plantas y fábricas. Las fábricas salían de nuestro país, hacían el producto y lo vendían a nuestro país. Terminamos sin trabajo y sin impuestos; comprando el producto de otros países. Eso ya no sucede.

Estos son los restos que fui elegido para limpiar. Probablemente la razón más importante por la que me postulé para presidente fue porque no podía entender por qué estábamos perdiendo todos estos trabajos a otros países a una velocidad tan rápida. Y se puso cada vez peor, y creo que es probablemente la principal razón por la que me postulé, pero hay otras razones también. Y para reemplazarlo por un nuevo sistema que anteponga a los intereses de los trabajadores a los intereses especiales. Y a los intereses especiales les irá muy bien, pero los trabajadores van primero.

Nuestro flamante USMCA es el resultado de la coalición más amplia jamás reunida para un acuerdo comercial. Grupos manufactureros, agrícolas y laborales todos apoyaron firmemente el acuerdo. Y, como saben, acaba de pasar en el congreso abrumadoramente. El acuerdo muestra cómo resolver el desafío del siglo XXI al que nos enfrentamos todos: proteger la propiedad intelectual, ampliar el comercio digital, recrear empleos perdidos y garantizar el aumento de los salarios y el nivel de vida.

Los Estados Unidos también han concluido un nuevo acuerdo comercial con Japón —aproximadamente 40,000 millones de dólares— y hemos renegociado nuestro acuerdo con Corea del Sur. También estamos negociando muchos otros acuerdos con muchas otras naciones. Y esperamos con interés negociar un nuevo y tremendo acuerdo con el Reino Unido. Ellos tienen un nuevo primer ministro que es maravilloso y que quiere mucho hacer un trato.

Para proteger nuestra seguridad y nuestra economía, también estamos abrazando con valentía la independencia energética americana. Estados Unidos es ahora, con mucho, el productor número uno de petróleo y gas natural en el mundo, con mucho. Ni siquiera está cerca.

Mientras que muchos países europeos luchan con unos costos de energía paralizantes, la revolución energética americana está ahorrando a las familias americanas $2,500 cada año en la reducción de las facturas de electricidad que la gente dijo que no podía suceder, y también, muy importante, los precios de la gasolina.

Hemos tenido tanto éxito que Estados Unidos ya no necesita importar energía de naciones hostiles. Con una abundancia de gas natural americano ahora disponible, nuestros aliados europeos ya tampoco tienen que ser vulnerables a los proveedores de energía hostiles. Instamos a nuestros amigos en Europa a utilizar el vasto suministro de América y lograr una verdadera seguridad energética.

Con empresas e investigadores americanos a la

vanguardia, estamos en el umbral de reservas de energía prácticamente ilimitadas, incluso de combustibles tradicionales, GNL, carbón limpio, energía nuclear de última generación y tecnologías de hidratos de gas.

Al mismo tiempo, estoy orgulloso de informar que Estados Unidos tiene un aire de entre los más limpios y un agua entre las más potables de la tierra, y vamos a mantenerlo así. Y acabamos de publicar un informe que dice que, en este momento, vivimos en las condiciones más limpias de los últimos 40 años. Estamos comprometidos a conservar la majestuosidad de la creación de Dios y la belleza natural de nuestro mundo.

Hoy, me complace anunciar que Estados Unidos se unirá a la iniciativa "One Trillion Trees" que se lanzará aquí en el Foro Económico Mundial. Un trillón de árboles. (Aplausos.) Y al hacerlo, seguiremos demostrando un fuerte liderazgo en la restauración, el crecimiento y la mejor gestión de nuestros árboles y nuestros bosques.

Este no es un momento para el pesimismo; este es un momento para el optimismo. El miedo y la duda no es un buen proceso de pensamiento porque este es un tiempo para una tremenda esperanza, alegría, optimismo y acción.

Pero para abrazar las posibilidades del mañana, debemos rechazar a los perennes profetas de la perdición y sus predicciones del apocalipsis. Ellos son los herederos de los ridículos adivinos de ayer -y nosotros los tenemos y ustedes los tienen, y todos los tenemos, y quieren que nos vaya mal, pero no dejaremos que eso suceda. Predijeron una crisis de sobrepoblación en la década de 1960, hambre masiva en los años 70 y un fin del petróleo en la década de los 90. Estos alarmistas siempre exigen lo mismo: poder absoluto para dominar, transformar y controlar todos los aspectos de nuestras vidas.

Nunca dejaremos que los socialistas radicales destruyan nuestra economía, destruyan nuestro país o erradiquen nuestra libertad. Estados Unidos siempre será el bastión orgulloso, fuerte e inflexible de la libertad.

En Estados Unidos, entendemos lo que los pesimistas se niegan a ver: que una economía de mercado creciente y vibrante centrada en el futuro eleva el espíritu humano y excita la creatividad lo suficientemente como para superar cualquier desafío -cualquier desafío con mucho.

Los grandes avances científicos del siglo XX -desde la penicilina hasta el trigo de alto rendimiento, hasta la transportación moderna y las vacunas revolucionarias- han elevado el nivel de vida y han salvado miles de millones de vidas en todo el mundo. Y seguimos trabajando en cosas de las que escucharás en un futuro cercano que, incluso hoy, sentado aquí ahora mismo, no creerías que es posible que tengamos respuestas. Oirás hablar de ello. Pero hemos encontrado respuestas a cosas que la gente dijo que no serían posibles -ciertamente no en un período muy corto de tiempo.

Pero las maravillas del siglo pasado palidecerán en comparación con lo que lograrán los jóvenes innovadores de hoy en día porque están haciendo cosas que nadie pensaba que fuera posible siquiera iniciarlas. Seguimos adoptando la tecnología, no la rehuimos. Cuando las personas son libres de innovar, millones de personas vivirán vidas más largas, más felices y más saludables.

Desde hace tres años, Estados Unidos ha demostrado al mundo que el camino hacia un futuro próspero comienza con poner a los trabajadores en primer lugar, elegir el crecimiento y liberar a los empresarios para que hagan realidad sus sueños.

Para cualquiera que dude de lo que es posible en el futuro, sólo tenemos que mirar los imponentes logros del pasado. A sólo unos cientos de kilómetros de aquí se encuentran algunas de las grandes ciudades de Europa, centros de comercio y cultura. Cada una de ellas está llena de recordatorios de lo que el espíritu humano y la imaginación pueden lograr.

Hace siglos, en la época del Renacimiento, artesanos y obreros expertos miraron hacia arriba y construyeron las estructuras que todavía tocan el corazón humano. Hoy en día, algunas de las estructuras más grandiosas del mundo fueron construidas hace cientos de años.

En Italia, los ciudadanos una vez comenzaron la construcción de lo que sería un proyecto de 140 años, el Duomo de Florencia. Un lugar increíble, increíble. Aunque la tecnología para completar su diseño aún no existía, los padres de la ciudad siguieron adelante de todas formas, seguros de que algún día encontrarían la solución. Estos ciudadanos de Florencia no aceptaron límites a sus altas aspiraciones, y finalmente se pudo construir la Gran Cúpula.

En Francia, otro proyecto de un siglo sigue teniendo un control sobre nuestros corazones y nuestras almas que, incluso 800 años después de su construcción, cuando la Catedral de Notre Dame estaba envuelta en llamas el año pasado -una visión tan triste; un lugar increíble, especialmente para aquellos de nosotros que lo consideramos uno de los grandes, grandes monumentos y que representa tantas cosas diferentes- el mundo entero se afligió.

[Aunque] su santuario ahora está quemado y carbonizado —y es una visión difícil de creer; cuando uno se acostumbra, el verlo ahora, es difícil de creer. Pero sabemos que Notre Dame será restaurada— será restaurada magníficamente. Las grandes campanas volverán a sonar para que todos las escuchen, dando gloria a Dios y llenando a millones de asombro.

Las catedrales de Europa nos enseñan a perseguir grandes sueños, aventuras atrevidas y ambiciones desenfrenadas. Nos instan a considerar no sólo lo que construimos hoy, sino lo qué...perdurará mucho después de que nos hayamos ido. Testifican del poder de la gente ordinaria para realizar logros extraordinarios cuando están unidos por un propósito grande y noble.

Por lo tanto, juntos, debemos seguir adelante con confianza, determinación y visión. No debemos ser tímidos, mansos o temerosos -sino que por el contrario debemos aprovechar audazmente el día y abrazar el momento-. Tenemos tantos grandes líderes en esta sala, no sólo líderes empresariales, sino líderes de naciones, y algunos están haciendo un trabajo fantástico. Trabajamos muy de cerca. Sacaremos fuerzas de las glorias del pasado, y haremos la grandeza nuestra misión común para el futuro.

Juntos, haremos que nuestras naciones sean más fuertes, más seguras, nuestras culturas más ricas, nuestra gente más libre y el mundo más hermoso que nunca.

Por encima de todo, seremos siempre leales a nuestros trabajadores, nuestros ciudadanos y nuestras familias, los hombres y mujeres que son la columna vertebral de nuestras economías, el corazón de nuestras comunidades, y el alma de nuestros países. Traigamos luz a sus vidas una por una y empoderémoslos a iluminar el mundo.

Muchas gracias. Que Dios les bendiga. Que Dios bendiga a sus países y que Dios bendiga a América. Gracias. Muchas gracias[63]

Un discurso magnífico e inspirador. Uno se pregunta cuántos conversos hizo ahí en Davos. Pero eso importa menos que cuántos conversos se están haciendo entre la gente. Un pasaje en particular del discurso llama la atención a la forma en que las élites globales han promovido varias "crisis du jour" que requieren que el pueblo les ceda cada vez más poder a ellos y sus expertos. Considere lo siguiente: "Debemos rechazar a los perennes profetas de la perdición y sus predicciones del apocalipsis. Ellos son los herederos de los ridículos adivinos de ayer -y nosotros los tenemos y ustedes los tienen, y todos los tenemos, y quieren que nos vaya mal, pero no dejaremos que eso suceda. Predijeron una crisis de sobrepoblación en la década de 1960, hambre masiva en los años 70 y un fin del petróleo en la década de los 90. Estos alarmistas siempre exigen lo mismo: poder absoluto para dominar, transformar y controlar todos los aspectos de nuestras vidas".

Los temores que esos "profetas de la perdición" avivaron acerca de la sobrepoblación contribuyeron al abandono masivo de los católicos en los años 60s y 70s de cualquier

---

[63] Donald Trump, "Remarks by President Trump at the World Economic Forum | Davos, Switzerland," the Whitehouse, 21 de enero, 2020, https://www.whitehouse.gov/briefings-statements/remarks-president-trump-world-economic-forum-davos-switzerland/.

compromiso de vivir su vida sexual de acuerdo con la enseñanza de la Iglesia —es decir, la ley de Dios, específicamente con respecto a la anticoncepción, que allanó el camino para una mayor aceptación del aborto. Las élites globales han estado trabajando arduamente desde ese entonces promoviendo e imponiendo la mentalidad anticonceptiva a los países ricos y pobres de todo el mundo, a menudo atando la ayuda extranjera a esa aceptación.

Otra crisis du jour, por supuesto, es el cambio climático. Que se debatan los puntos, pero lo que hay que tener en cuenta es el esfuerzo de las élites para utilizar tales supuestas crisis (¿En serio? ¡Sólo tenemos doce o catorce años antes de la perdición inminente! ¿De verdad?) para obtener un mayor y mayor control sobre nuestras vidas. Nosotros, por nuestra parte, estamos felices de que Trump tenga las agallas para decirles que nos dejen en paz. En otras palabras, ha anunciado que *esto* -es decir, el poder que los grupos de presión de intereses especiales de izquierda tienen sobre la vida cotidiana de los ciudadanos americanos -*se termina ahora.*

6

POLÍTICA EXTERIOR

Terrorismo Islámico Radical

Pero del desierto, de los lugares secos y de los terribles soles,
vienen los crueles hijos del Dios solitario; los verdaderos
unitarios que con la cimitarra en la mano han devastado
el mundo. Porque no está bien que Dios esté solo.[64]

G. K. Chesterton

Permitirán que terroristas islámicos radicales entren en nuestro país
por los miles. Permitirán que el gran caballo de Troya -y no quie-
ro que la gente mire hacia atrás en cien años y 200 años y que
se hable de esa historia de nosotros porque fuimos guiados por
personas ineptas, incompetentes y corruptas como Barack Obama y
como Hillary Clinton...No queremos ser parte de esa historia.[65]

A LO largo de su campaña y su presidencia, el estilo refrescante, honesto y de habla clara de Donald Trump, no refrenado por la corrección política, resonó entre los americanos comunes y corrientes, católicos y no católicos por igual, tal vez nunca

---

[64]   G. K. Chesterton, *Orthodoxy* (Dover Publications, 2004).
[65]   Discurso: Donald Trump – West Palm Beach, FL – 13 de octubre de 2016", Factbase Videos, video, 46:36, 23 de octubre de 2017, https://youtube/RSw0yMFuPRk.

con mayor claridad que cuando se atrevió a nombrar al "Terrorismo Radical Islámico" como un problema. Su predecesor, Barack Obama, a menudo ofuscó la fuente de gran parte del sufrimiento en todo el mundo al negarse a nombrarla. Y *su* predecesor, el republicano George W. Bush, nos informó alegremente que el islam es una "religión de paz". Bush se equivocó; uno puede esperar que simplemente estaba mal informado y no mintiendo conscientemente a la gente.[66] Sin lugar a duda, el terrorismo islámico es *el* desafío internacional a la paz.

Durante la campaña del 2016, Trump se metió en agua caliente proponiendo un alto a la inmigración islámica hasta que descubramos "qué demonios está sucediendo". Eso fue en los primeros días de la campaña, y el mensaje fue moderado más tarde, pero ¿estaba tan equivocado? Mira cómo ha cambiado la vida en Estados Unidos desde el 11 de septiembre. Si bien los ataques inspirados por la yihad son relativamente raros en nuestro país, los jóvenes no recuerdan lo que era ir al aeropuerto o a un gran evento deportivo sin tener que "pasar por seguridad". En Europa, lamentablemente, los ataques inspirados por la yihad no son tan raros, y eso es simplemente una consecuencia de sus niveles mucho más altos de inmigración islámica.

¿Su prescripción estaba equivocada, o podría considerarse simplemente como un ejercicio temporal de la virtud de la prudencia? Según el *Catecismo*, uno de los tres elementos

---

[66]   Para confirmar esto diariamente, mira en https://thereligionof-peace.com/ y ve las últimas atrocidades. Pero ten cuidado; gran parte de la lectura no es para los débiles de corazón. Allí verás lo equivocado que estaba Bush.

esenciales del bien común es "la paz, es decir, la estabilidad y la seguridad de un orden justo. Presupone que la autoridad debe garantizar por medios moralmente aceptables la seguridad de la sociedad y sus miembros."[67]

¿Está mal observar y aprender de las experiencias de otros —países como Suecia, Francia, Alemania y los Países Bajos— y ver cómo están cambiando las vidas de sus ciudadanos, y no para mejor, debido a la inmigración islámica a gran escala? Pandillas que acosan sexualmente, violaciones y frecuentes ataques con cuchillo en Inglaterra, un dramático aumento de crímenes violentos en Suecia, tradicionalmente una sociedad muy segura, y "zonas prohibidas" en Francia. ¿Es esto lo que queremos para el futuro de nuestros hijos?

¿Está mal considerar si ciertas interpretaciones del islam —interpretaciones tal vez no marginales sino angustiosamente comunes— son, de hecho, incompatibles con los valores occidentales y los principios americanos?

¿Está mal sentir que tal vez las víctimas del terrorismo islámico en todo el mundo deberían tener prioridad como refugiados a nuestro país?

¿Está mal hacer estas preguntas? No. No lo es. Pero se necesitó a un Donald Trump valientemente haciendo estas preguntas, difíciles, pero de sentido común, en la escena nacional -para, en efecto, decir "el emperador no tiene ropa"— antes de que más americanos se sintieran cómodos haciendo estas preguntas en voz alta, al menos en público.

Nunca se promulgó tal moratorio. Incluso la limitada "prohibición de los viajes" de Trump lo sometió a acusaciones

---

[67]   CCC 1909.

de xenofobia, racismo y sentimientos "antiamericanos" con respecto a la libertad religiosa, y tuvo que viajar a través de los tribunales, donde ganó, por cierto.

Y desde la campaña, como presidente, Trump ha afianzado alianzas con los líderes de los países islámicos que están dispuestos a ser socios genuinos en la lucha contra el terrorismo islámico radical. Mientras que, en Egipto, el presidente Obama y su administración apoyaron la instalación de Mohammed Morsi, un miembro de la Hermandad Musulmana bajo la cual los cristianos correrían la misma suerte que sus correligionarios en lugares como Siria e Irak, la administración Trump se asocia de cerca con el régimen de Abdel Fattah el-Sisi, un hombre fuerte que lucha contra los extremistas islámicos en la medida en que es capaz. En Libia, la administración Obama, en la persona de su Secretaria de Estado, Hillary Clinton, presumió que "vinimos, vimos, murió", una muerte y un "cambio de régimen" que impulsó a ese país a una vorágine de miseria y actividad yihadista e inició una migración masiva de musulmanes, muchos de ellos radicales, a Europa, como Gadafi advirtió.

Si estamos dispuestos a mirar honestamente la política exterior de nuestro país que condujo al ascenso de EIIL y el intento de genocidio y limpieza étnica de los cristianos y yazidis, ¿qué aprenderíamos? ¿Qué tan sorprendido estarías de enterarte de que la política exterior americana bajo la administración anterior supuso el ascenso de los grupos radicales islámicos?[68] ¿con qué propósito? ¿por qué importa? ¿le

---

[68] Uno de los relatos más reveladores de esta traición es un largo informe compilado por Sundance en Theconservativetreehouse.com llamado "El Breve Bengasi". Tómate el tiempo y léelo si puedes.

importa a los pobres cristianos de Oriente Medio en Siria, Irak y Libia?

En contraste dramático con la administración anterior, la de Donald Trump llevó la lucha a EIIL y comenzó a revertir su califato -aunque la verdad sea dicha, Rusia, aliada con las fuerzas iraníes y el ejército sirio de Assad, han hecho gran parte del trabajo pesado en Siria- mientras que, bajo Obama, la bandera negra se elevó sobre pedazos cada vez mayores de territorio. Efectivamente ha habido grandes progresos en la lucha contra el islam radical, una lucha que podemos confiar en Donald Trump para liderar, pero la lucha no ha terminado. Mientras que muchos católicos y otros cristianos que votaron por el presidente Trump debido a sus promesas de campaña en contra de los neoconservadores y en contra de construir naciones estarían complacidos de ver a Estados Unidos retirarse de ese tipo de intervenciones, la realidad es que tenemos deberes hacia nuestros hermanos que sufren en todo el mundo, especialmente las víctimas de la yihad y especialmente nosotros, los católicos, a nuestros hermanos y hermanas en Cristo.

Con toda la cobertura de noticias que atrae el medio oriente, la yihad es un problema global, no sólo del medio oriente. El Instituto Gatestone publicó recientemente un artículo aleccionador acerca de las actividades del islam radical en el África subsahariana. En él, el autor Giulio Meotti compara la cobertura que los medios dan a la matanza de un

---

No es necesario que lo haga para continuar aquí, pero consideramos que es una lectura vital para todos los ciudadanos americanos.

cerdo en China con la falta de cobertura de la masacre de cristianos en África.

> La Conferencia Episcopal de Nigeria describió la zona como "campos de muerte", como los que los Camisas Rojas crearon en Camboya para exterminar a la población. La mayoría de los 4,300 cristianos asesinados por su fe durante el último año procedían de Nigeria. Nina Shea, experta en Libertad Religiosa, escribió recientemente: "Un proyecto extremista islámico en curso para exterminar a los cristianos en el África subsahariana es aún más brutal y consecuente para la Iglesia que lo que sucede en el medio oriente, el lugar donde los cristianos sufrieron el "genocidio" de manos de EIIL, como fue designado oficialmente por el gobierno de los Estados Unidos".
>
> Desafortunadamente, el asesinato de estos cristianos durante el último mes ha sido ignorado en gran medida por los medios occidentales. "Una guerra en cámara lenta se está llevando a cabo en el país más poblado de África. Es una masacre de cristianos, masiva en su escala y horrible en su brutalidad y el mundo apenas se ha dado cuenta", escribió el filósofo francés Bernard Henri Lévy.[69]

Presidente Trump, si alguna vez lee esto, por favor considere

---

[69]   Giulio Meotti, "Cruelty to Animals Gets More Media Coverage than Beheaded Christians", Gatestone Institute, 26 de enero de 2020, https://www.gatestoneinstitute.org/15483/animal-cruelty -beheaded-cristians.

la difícil situación de esas víctimas africanas subsaharianas del islam radical. Lea este artículo de Meotti y tome medidas, unilaterales si es necesario, para proteger a esas pobres personas. Confiamos en que no se quedará de brazos cruzados, sino que se esforzará por ayudarlos en la medida en que seamos capaces. Creemos que ninguno de los candidatos demócratas a la presidencia en el 2020 tomaría medidas significativas. Busquen en su propio corazón y conciencia, compañeros lectores católicos, en cuanto a lo que creen que se debe hacer y quién creen que lo haría.

"Estos cristianos perseguidos se sienten cada vez más solos en un mundo que los ve como intrusos. Están atrapados en un limbo, entre un occidente amnésico y débil y un islam radical en ascenso. Parece que no hay manera de empujar al mundo occidental a tomar conciencia de esta tragedia de quien nadie habla y que podría tener consecuencias fatales para el futuro de nuestra civilización.[70]

Construir el Muro, y México va a pagarlo

Las autoridades políticas, por el bien común del que son responsables, pueden hacer que el ejercicio del derecho a emigrar esté sujeto a diversas condiciones jurídicas, especialmente con respecto a los deberes de los inmigrantes hacia su país de adopción.[71]

Aquí de nuevo, tenemos una frase famosa de la campaña: "¡Construir el muro!" —que muchos críticos del presidente

---

[70]   Ibid.
[71]   CCC 2241.

Trump afirman que indica un racismo y animus virulentos hacia nuestros vecinos hacia el sur. Muchos católicos, numerosos obispos entre ellos, se pronunciaron enérgicamente en contra de la retórica del candidato Trump.

La retórica era, sin duda, inflamatoria y Trump era, y es, un lanzallamas. Pero, aparte de la retórica, ¿es consonante con una cosmovisión católica informada el razonamiento detrás de tal sentimiento? Considere el siguiente pasaje del *Catecismo*:

> Las *naciones* más prósperas están obligadas, en la medida en que sean capaces, a acoger al extranjero en busca de la seguridad y los medios de subsistencia que no puede encontrar en su país de origen. Las autoridades públicas deben velar por que se respete el derecho natural que pone a un huésped bajo la protección de quienes lo reciben. Las autoridades políticas, por el bien común del que son responsables, pueden hacer que el ejercicio del derecho a emigrar esté sujeto a diversas condiciones jurídicas, especialmente con respecto a los deberes de los inmigrantes hacia su país de adopción. Los inmigrantes están obligados a respetar con gratitud el patrimonio material y espiritual del país que los recibe, a obedecer sus leyes y a asistir en acarrear las cargas cívicas.[72]

Kevin Clark, escribiendo en Crisis Magazine en el 2017, comentó acerca de este pasaje a la luz del criticismo de la

---

[72]   CCC 2241.

postura de Trump en inmigración por parte de la Conferencia Episcopal de Estados Unidos:

La frase "en la medida en que sean capaces" es, obviamente, un juicio prudencial, y como tal debe ser ejercido por una autoridad política legítima. La capacidad de un país para aceptar inmigrantes no está limitada simplemente por el espacio físico o, incluso, por oportunidades económicas, sino también por cuestiones tales como la capacidad para asimilar a los inmigrantes de tal manera que mantengan la paz y la cohesión social.

Al afirmar que pueden aplicarse las "condiciones jurídicas", el *Catecismo* deja claro además que intereses prudenciales pueden limitar legítimamente la inmigración.

Si tales cuestiones no estuvieran sujetas a discernimiento político, y la intención de la Iglesia fuera la de enseñar que los países sólo pueden interceptar a los delincuentes violentos, entonces es de suponer que el *Catecismo* quitaría la posibilidad de juzgar y se limitaría a condenar las restricciones a la inmigración. Sin embargo, no lo hace. Al usar lenguaje de juicio político y de bien común para determinar el número y las condiciones bajo las cuales un país admitiría inmigrantes, el *Catecismo* implica claramente que algunos aspirantes a inmigrar pueden ser excluidos. Y si hay un límite en el número de inmigrantes, o si algunos inmigrantes no pueden cumplir con condiciones razonables, entonces el país tendrá que hacer cumplir las leyes de inmigración.[73]

La inmigración es un tema complejo, especialmente entre los Estados Unidos y nuestro vecino del sur, México. Sin embargo, lo que no es complejo o difícil de entender es que la frontera entre Estados Unidos y México sirvió durante generaciones como una autopista para la inmigración ilegal a los Estados Unidos, y una autopista muy cara, por cierto. Un informe titulado "La carga fiscal de la inmigración ilegal sobre los contribuyentes" citado en un artículo en el Washington Examiner valuó el costo de la inmigración ilegal a los contribuyentes americanos en $135 mil millones por año.[74] Hoy en día números se lanzan alrededor bastante alegremente, pero eso son miles de millones. Parafraseando el viejo dicho, unos años de $135 mil millones y muy pronto estamos hablando de dinero en serio.

Defensores de la inmigración descontrolada—Trump nunca ha insinuado que busca poner fin a la inmigración legal de América Latina, sino simplemente controlarla- a menudo afirman que debido a que Estados Unidos ha sido históricamente una "nación de inmigrantes", de alguna manera el

---

[73]   Kevin Clark, "The USCCB Should Follow the *Catechism* on Immigration", *Crisis Magazine*, 7 de septiembre del 2017, https://www.crisismagazine.com/2017/usccb-follow-catechism-immigration.

[74]   Paul Bedard, "Record $135 billion a year for illegal immigration, average $8,075 each, $25,000 in NY," *Washington Examiner*, 27 de septiembre del 2017, https://www.washingtonexaminer.com/record-135-billion-a-year-for-illegal-immigration-average-8-075-each-25-000-in-ny.

país nunca puede tratar de frenar la cantidad de inmigrantes que entran al país. Eso es absurdo en muchos niveles. Por un lado, las oleadas de inmigración anteriores no llegaron a un país con un estado de asistencia social masivo esperando para recibirlos a ellos y a sus hijos. Y, por otro, antes de la presidencia de Trump, las autoridades nunca habían tomado su tarea de proteger al público deportando a los criminales. Una cosa es estar en un país ilegalmente y sólo estar buscando una vida mejor para su familia trabajando duro. Otra cosa es cometer crímenes graves contra la población nativa, así como contra sus propios compañeros inmigrantes, con impunidad y ser permitidos a permanecer en el país.

Decir esto es invitar a acusaciones de racismo u hostilidad contra los pobres, pero ambos cargos serían injustos. Parecería ser de sentido común que grandes cantidades de inmigrantes combinadas con un estado de asistencia social hinchado supondrán una carga excesiva para los ciudadanos del país anfitrión. Al igual que sería el decir que las personas que están en el país ilegalmente y que cometen crímenes violentos o son miembros de organizaciones criminales deben ser removidas tras su aprehensión. Una vez más, según el *Catecismo*: "Las autoridades políticas, por el bien común del que son responsables, pueden hacer que el ejercicio del derecho a emigrar esté sujeto a diversas condiciones jurídicas, especialmente con respecto a los deberes de los inmigrantes hacia su país de adopción. Los inmigrantes están obligados a respetar con gratitud el patrimonio material y espiritual del país que los recibe, a obedecer sus leyes y a asistir en acarrear las cargas cívicas."[75]

La gran mayoría de los inmigrantes de México y Centroamérica solo buscan una vida mejor. Vienen aquí y trabajan duro. Sin embargo, estos dos hechos no excusan a los representantes de los ciudadanos de los Estados Unidos de su deber de proteger los intereses de los ciudadanos que los eligieron.

Lo que Donald Trump ha posibilitado, a través de su contundencia, es una conversación entre adultos, una en la que las calumnias y las acusaciones del pecado de racismo no tienen lugar. Nos ha permitido, incluso a aquellos de nosotros que valoramos honestamente mucho del patrimonio de nuestros vecinos católicos del sur, a admitir que nuestro sistema de inmigración está roto y necesita ser arreglado. Lo que muchos no se dan cuenta es que, al hacerlo, Trump puede ser el mejor amigo que el ciudadano mexicano promedio ha tenido en la Casa Blanca en mucho tiempo.

Trump y López Obrador: ¿Aliados poco probables?

México eligió recientemente a un socialista en Andrés Manuel López Obrador. Uno pensaría que un hombre como el sería un enemigo político de Donald J. Trump. Pero, a pesar de eso, desde su elección, Estados Unidos y México han llegado a un acuerdo comercial, el USMCA, para reemplazar al TLCAN (Tratado de Libre Comercio de América del Norte) -el anterior acuerdo comercial entre México, los Estados

---

[75]   CCC 2241.

Unidos y Canadá que fue la fuente del gigantesco "sonido de succión" de los puestos de trabajo yéndose de los Estados Unidos mencionado por el entonces candidato presidencial Ross Perot durante su campaña en 1992.

Se espera que los términos del nuevo acuerdo comercial también beneficien en gran medida a muchos trabajadores mexicanos con las estipulaciones sobre sus condiciones de trabajo y salarios. ¿No es irónico que Donald Trump, ese super racista en las mentes retorcidas de los medios de comunicación y tantos demócratas, sea el responsable del mayor aumento salarial de la historia mexicana?

En algunos lugares, López Obrador incluso ha sido referido como el "Donald Trump mexicano". Se le llama así no por su buena fe socialista, sino más bien por su buena fe nacionalista. López Obrador, al igual que Trump, busca principalmente ayudar a la clase trabajadora de su país. Sus enfoques pueden diferir, pero hasta ahora parece que han encontrado suficiente uniformidad que sirve de base para la cooperación mutua y las relaciones amistosas.

No es sólo en asuntos de comercio que Trump y López Obrador han encontrado un terreno común mutuamente beneficioso; también están cooperando de manera sin precedentes en la seguridad fronteriza. Una buena señal es que ahora vemos a México desplegando sus propios soldados en sus fronteras norte y sur para controlar la inmigración tanto hacia afuera como hacia adentro de su país. Sería maravilloso si no se necesitara un muro. Somos católicos fieles. Uno de nosotros es mexicanoamericano. Sus padres son de México, y todavía tiene familia ahí, y el otro ha vivido en toda América Latina y tiene muchos amigos ahí y un gran afecto por la gente y la cultura; sin embargo, ambos pensamos que un muro es justificado. Sería fantástico que todos respetaran las leyes de inmigración de un país anfitrión y "obedecieran las reglas", pero no lo hacen. Sería maravilloso si las historias de terror de los coyotes y del tráfico humano no fueran reales, pero lo son. Sería maravilloso si el gobierno mexicano hubiera proporcionado mejores condiciones de vida para su pueblo durante el siglo pasado, pero no lo hizo. Robert Frost, el gran poeta americano de Nueva Inglaterra, esa tierra de paredes de piedra, exploró los dos sentimientos que compiten acerca de las paredes en su famoso poema "Mending Wall".

En este momento en la historia, parece que las tensiones entre las dos ideas expresadas por Frost —"Hay algo ahí que no ama a una pared" y "Las buenas bardas hacen buenos vecinos"— favorece la construcción de un muro. Pero podemos esperar que algún día, tal vez en un futuro no muy lejano, si el nuevo acuerdo comercial de la administración Trump con México da frutos para el pueblo mexicano, si se elimina la amenaza del terrorismo transfronterizo, si el control de los carteles sobre el proceso de inmigración se remueve…si se cumplen estas nuevas condiciones, las dos naciones podrían cooperar en su derribamiento.

Pero por ahora -dada la amenaza de las drogas, los carteles, el costo directo e indirecto de la inmigración ilegal para la nación y sus ciudadanos, las tragedias que ocurren en la frontera precisamente debido al sistema roto que ha estado en vigor durante décadas, y, sí, el deseo legítimo del pueblo americano expresado a través del proceso democrático- un católico puede decir, sin ninguna duda, "Hay algo ahí que sí ama a una pared", y votar de manera acorde. Y si México lo paga directa o indirectamente, bueno, eso tampoco está mal. En cierto sentido, probablemente lo están haciendo en este momento, pero de una manera que es colaborativa, a través de su despliegue de tropas en sus propias fronteras norte y sur. Ellos mismos están sirviendo como la pared. Buenas bardas hacen buenos vecinos, y a veces buenos vecinos hacen buenas bardas.

Pensamientos de un católico mexicanoamericano acerca de la inmigración legal contra ilegal

En algunas posiciones, la cobardía hace la pregunta, ¿es conveniente? Y entonces la conveniencia viene y hace la pregunta, ¿es político? La vanidad hace la pregunta, ¿es popular? La conciencia hace la pregunta, ¿es correcto? Llega un momento en que uno debe tomar la posición que no es segura ni política ni popular, pero debe hacerlo porque la conciencia le dice que es correcto.[76]

Martin Luther King, Jr.

Lo que voy a decir puede ser peligroso, maleducado, o impopular, pero es lo que creo que es correcto como un cristiano católico practicante.

Hay un principio católico en la teología moral que enseña que nunca podemos hacer el mal para lograr el bien. San

---

[76] Martin Luther King, "Remaining Awake Through a Great Revolution," Sermón dado en domingo de pascua, 31 de marzo de 1968, in: *The Essential Writings and Speeches of Martin Luther King, Jr.*, p. 268, citado en https://harpers.org/blog/2008/01/king-on-the-importance-of-conscience-in-action/.

Pablo enseña claramente este principio en la carta a los Romanos 3:8, y el *Catecismo de la Iglesia Católica* también expresa lo siguiente: "Una buena intención (por ejemplo, la de ayudar al prójimo) no hace que un comportamiento que es intrínsecamente pecaminoso y malo, como mentir y calumniar, sea bueno o justo. El fin no justifica los medios. Por lo tanto, la condena de una persona inocente no puede justificarse como un medio legítimo de salvar a la nación. Por otro lado, una mala intención (como la vanagloria) hace que un acto sea malo que, en sí mismo, puede ser bueno (como dar limosna)."[77]

Permíteme aplicar el principio de San Pablo a la cuestión de la inmigración ilegal. En términos sencillos, no se puede hacer el mal -*es decir, violar la ley de inmigración y cruzar la frontera*-, con el fin de lograr el bien -*para trabajar y ganar dinero para enviarlo a casa.*

Lo que no se menciona es que un hombre latino que deja su país de origen dejará a sus hijos sin padre y a su esposa sin la presencia física y la protección de su marido. Este hombre latino entrará a los Estados Unidos solo, sujeto a todas las tentaciones bajo el sol al enésimo poder. Seamos realistas, después de que un inmigrante ilegal en este país paga su renta, servicios públicos, comida, correos, vehículo, gasolina, etcétera, ¿cuánto dinero envía realmente a su familia? ¿No es mejor permanecer físicamente presente con su familia y soportarlo juntos en su país de origen? La familia que reza unida permanece unida. Sí, las familias necesitan dinero para sobrevivir, pero lo más importante es tener a su padre y

---

[77] CCC 1753.

esposo físicamente presentes con ellos para enseñarles virtud, incluso en condiciones de pobreza. La vocación del hombre es dirigir, proteger y proveer para su familia tanto espiritual como físicamente.

Además, imagina las tentaciones que surgen. «No es bueno que el hombre esté solo" (Gn 2, 18). La bigamia es un gran problema en la comunidad latina entre los inmigrantes ilegales; tener una familia en los Estados Unidos y una familia en su país de origen es común. Pregúntale a cualquier sacerdote católico que escuche confesiones y trabaje en una parroquia latina. Es el elefante en la habitación del que nadie quiere hablar.

Las dos categorías principales en este debate son inmigrantes legales e inmigrantes ilegales. Aquellos que creen en el estado de derecho y los infractores de la ley. El gobierno tiene la obligación moral y legal de proteger los derechos de los que inmigran aquí legalmente, y, por otro lado, tienen el derecho de impedir la inmigración de aquellos que cruzan nuestras fronteras ilegalmente. Esto no es anti-inmigración; de hecho, es muy pro-inmigración. No es católico ni cristiano abogar por una inmigración irresponsable. La inmigración, para ser realmente una en la que ganan ambas partes, requiere orden, conocimiento y equilibrio.

Hay muchas personas honestas de diferentes países (incluyendo a México) que están tratando de seguir las reglas e inmigrar a este país legalmente, pero su solicitud se mantiene sin ser procesada por que nuestro país está siendo abrumado por inmigrantes ilegales principalmente del suroeste. Nuestras escuelas, cárceles, asistencia social, hospitales y mercado laboral están siendo llevados al límite, en gran parte debido a esta ola de inmigrantes ilegales. El costo de proporcionar servicios sociales, médicos, policiales y educativos a extranjeros ilegales en todos los niveles de gobierno se estima en un asombroso $135 mil millones por año.[78]

Sé que algunas personas se ofenden cuando oyen la palabra "extranjero". Sin embargo, la palabra "extranjero" se utiliza en la Santa Biblia como una palabra descriptiva para un "extraño" o alguien de otra familia o clan. La constitución mexicana también utiliza la palabra "extranjero" para los ciudadanos no mexicanos.

Soy mexicanoamericano; mis padres son de México, y la mayoría de mi familia es de México o vive en México. Soy un sheriff adjunto retirado de Los Angeles; mi esposa es una enfermera jubilada del condado de Los Angeles, y hemos visto este abuso con nuestros propios ojos. Muchos mexicanos tienen dificultades para aceptar esta verdad simplemente porque vemos esto en términos de color de piel y de raza en lugar de objetivamente. Nuestra raza nos convierte en víctimas, y nuestra piel morena se convierte en nuestra verdad, incluso por encima de nuestro cristianismo. La mayoría de los latinos creen que aquellos que se oponen a la inmigración ilegal lo hacen por racismo porque esta es la narrativa constante que escuchan en los medios principales de comunicación tanto hispanos como en inglés, ambos buenos alumnos de la entrega de noticias falsas.

---

[78]   Paul Bedard, "Record $135 billion a year for illegal immigration, average $8,075 each, $25,000 in NY," *Washington Examiner*, 27 de septiembre, 2017 https://www.washingtonexaminer.com/record-135-billion-a-year-for-illegal-immigration-average-8-075-each-25-000-in-ny.

El Partido Demócrata se beneficia de la inmigración ilegal porque los complacen prometiéndoles derechos, obteniendo así su apoyo. Es por eso que el presentador Eddie Sotelo fue capaz de reunir un millón de hispanos en las calles de Los Ángeles para protestar un proyecto de ley de inmigración en California en 2006. No tengo ninguna duda de que muchos de los manifestantes eran ilegales. ¿Qué no tiene derecho los Estados Unidos a controlar su política de inmigración?

Consideremos a México, nuestro vecino del sur y cuyos líderes a menudo nos sermonean acerca de los derechos de los inmigrantes. La constitución de México prohíbe estrictamente a los extranjeros a protestar contra el gobierno mexicano. "Los extranjeros no pueden de ninguna manera participar en los asuntos políticos del país" (Artículo 33). "Sólo los ciudadanos de la república pueden participar en los asuntos políticos del país" (Artículo 9).[79]

La constitución mexicana prohíbe expresamente a los no ciudadanos a participar en la vida política del país. Los no ciudadanos tienen prohibido participar en manifestaciones o expresar opiniones en público acerca de la política interna. En otras palabras, no se habría permitido una manifestación masiva de este tipo en las calles de la ciudad de México.

¿Y los valores religiosos? ¿Puedo conciliar mis convicciones sobre la inmigración ilegal como católico? El *Catecismo de la Iglesia Católica* no apoya la *inmigración ilegal*; la Iglesia apoya la reforma migratoria, al igual que el presidente Trump. La Iglesia está alentando y orando para que se encuentre y

---

[79]   "Political Constitution of the United Mexican States," http://comparativeconstitutionsproject.org/wp-content/uploads/UN-AM-Mexican-Constitution_vf.pdf?6c8912.

promulgue una resolución justa, al igual que deberíamos hacer nosotros. Siempre debemos orar y promulgar las obras corporales de misericordia hacia nuestros semejantes; esta es la regla de oro dada por nuestro señor Jesucristo. Pero el hecho es que el *Catecismo* dice que todos los inmigrantes están llamados a obedecer las leyes del país que les ha acogido. Desafortunadamente, muchos de los bautizados son católicos mal informados que no leen el *Catecismo* o la Biblia. Por lo tanto, quedan atrapados en causas políticas de izquierda porque escuchan su propaganda en los medios de comunicación en español y son jalados por el cuello por sus vecinos y esos medios de comunicación; un caso clásico de ciegos guiando a ciegos como dijo nuestro señor Jesús (cf. Mt. 15, 14).

La gran mayoría de los mexicanoamericanos (como yo) no tienen ningún problema con la inmigración; somos un país de inmigrantes, pero muchos de nosotros, y nuestro número está creciendo todos los días, tenemos un problema con la inmigración ilegal. No queremos ilegales ya sean árabes, nigerianos, rusos, armenios, chinos, vietnamitas, brasileños, irlandeses, sirios, iraquíes o mexicanos. Es un error alentar a que la gente tenga desprecio por las leyes. Somos un país que funciona de manera mucho más eficiente que cualquier otro debido al *estado de derecho*. Las leyes de inmigración laxas fomentan una sociedad sin ley.

¡Los católicos deben estar en contra de cualquier cosa que sea ilegal en una sociedad libre (siempre y cuando la ley sea justa)! No encuentro contradicción entre mi fe católica y mi apoyo al estado de derecho. Por supuesto, tenemos que proteger la dignidad de toda persona humana, lo cual creo que hace la ley de inmigración americana. Cada país tiene derecho a definir sus propias fronteras y a elaborar leyes para defenderlas.

Para terminar, me gustaría transmitir un hecho poco conocido y aún menos reportado. César Chávez, ese gran líder laboral de los trabajadores agrícolas mexicanoamericanos y mexicanos, fue durante mucho tiempo un enemigo de la inmigración ilegal.

> El propio Chávez era un americano de tercera generación y veterano de la marina. Aunque con el tiempo prácticamente se ha convertido en el santo patrón del movimiento *Reconquista* que intenta reclamar todo el suroeste para México, en su mejor momento fue un ferviente oponente a la inmigración ilegal y luchó activamente contra la importación de los esquiroles de México…
>
> En testimonio ante el Congreso en 1979, Chávez se quejó, "…cuando los trabajadores agrícolas se van a la huelga y su huelga es exitosa, los empleadores van a México y tienen el uso ilimitado y sin restricciones de esquiroles extranjeros ilegales para romper la huelga. Y, durante más de 30 años, el servicio de inmigración y naturalización ha mirado para el otro lado y ha ayudado en la ruptura de huelgas. No recuerdo una sola instancia en 30 años en la que el servicio de Inmigración ha eliminado a los esquiroles… Los empleadores utilizan contrabandistas profesionales para reclutar y transportar contrabando humano a

través de la frontera con México para el acto específico de romper huelgas".[80]

El artículo señala además cómo, en 1969, Chávez encabezó una marcha a la frontera para protestar contra la inmigración ilegal. El "exigió que el gobierno federal cerrara la frontera, denunciaba rutinariamente a presuntos inmigrantes ilegales a los funcionarios de inmigración, y puso a su hermano a cargo de los Minutemen como patrullas fronterizas que en más de una ocasión resultó en golpes contra los intrusos".

Algunas personas sin duda me preguntarán: "Jesse, ¿cómo puedes tú como mexicanoamericano hablar así y exponer todas las leyes de inmigración injustas de México? ¡Tienes que ser fiel a tu raza!"

No miro el mundo a través de lentes de raza. Miro la vida con el corazón de un cristiano católico. Somos salvados por la gracia, no por la raza. Parafraseando al prisionero y sobreviviente de campo de concentración nazi Victor Frankl, en su libro *Man's Search for Meaning*, "Sólo hay dos razas de hombres, hombres decentes y hombres indecentes." Nunca debemos bajar la barra para nadie; siempre debemos poner la barra en alto y animarnos unos a otros a actuar con la más alta moralidad.

Jr

80   Bryan Fischer, "Caesar Chávez: Longtime foe of illegal immigration", *Renew America*, 22 de marzo de 2007, http://www.renewamerica. com/columns/fischer/070322.

Cuestiones más amplias de guerra y paz

Donald John Trump fue elegido, en parte, porque dejó clara su oposición a las guerras y desventuras en las que el país se ha encontrado durante las últimas dos décadas. Las ha llamado "estúpidas" en más de una ocasión y ha expresado su deseo de traer a las tropas a casa.

Pero él no es una paloma, como los acontecimientos recientes han dejado muy claro. Más bien, es un verdadero candidato de "América Primero", y en su juicio declarado, esas guerras no hicieron nada para beneficiar a los Estados Unidos o a sus ciudadanos, especialmente aquellos que perdieron la vida, extremidades o seres queridos.

Como suele ser el caso, sus instintos eran correctos, como se ha revelado a través de los llamados Documentos de Afganistán. El despilfarro y la mala gestión involucradas y las francas falsedades contadas por los poderosos (sí, incluyendo algunos de los mayores mandos militares para aquellos inclinados a una ciega adoración de cualquier cosa que emana de la boca o pluma de un general) en ese conflicto son en un sentido impresionantes, y en otro no son sorprendentes.

No ha faltado criticismo tanto de la izquierda como de la derecha fuera del establecimiento en lo que respecta a lo que ha ocurrido en nuestro país desde los ataques del 11 de septiembre. Desafortunadamente, los respectivos políticos y/o medios de comunicación que expresaron tales preocupaciones no son normalmente una parte significativa de ese *establecimiento* de Washington o de los medios de comunicación y, por lo tanto, tienen una fracción de la plataforma que las voces unipartidarias proguerra han disfrutado. Ahí, en el *pantano*, a menudo había habido unanimidad con respecto a la política exterior a favor de más guerra, hasta que apareció Donald Trump.

Los católicos tenemos una rica tradición de enseñanza de guerra justa que podemos aprovechar al evaluar la legitimidad de cualquier esfuerzo militar. Este no es el lugar para entrar en un análisis detallado de la teoría de la guerra justa y aplicar cada artículo a los acontecimientos de los últimos veinte años. Más bien, los presentaremos y dejaremos que el lector lo considere antes de hacer algunas observaciones adicionales. El siguiente pasaje del *Catecismo* pone de relieve las condiciones necesarias para que una guerra sea considerada justa.

> El quinto mandamiento prohíbe la destrucción intencional de toda vida humana. Debido a los males e injusticias que acompañan a toda guerra, la Iglesia consistentemente insta a todos a la oración y a la acción para que la Divina Bondad nos libere de la antigua esclavitud de la guerra.
>
> Todos los ciudadanos y todos los gobiernos están obligados a trabajar para evitar la guerra…
>
> Las estrictas condiciones para *la defensa legítima por fuerza militar* requieren una consideración rigurosa. La gravedad de tal decisión la hace que esté sujeta a condiciones rigurosas de legitimidad moral. Al mismo tiempo:

—el daño infligido por el agresor a la nación o comunidad de naciones debe ser duradero, grave y cierto;

—todos los demás medios para ponerle fin deben haber demostrado ser poco prácticos o ineficaces;

—debe haber serias perspectivas de éxito;

—el uso de las armas no debe producir males y desordenes más graves que el mal a eliminar. El poder de los medios modernos de destrucción tiene mucho peso en la evaluación de esta condición.

Estos son los elementos tradicionales enumerados en lo que se llama la doctrina de la "guerra justa".[81]

Los párrafos 2307 y 2308 indican una clara preferencia por la paz que debe caracterizar a todos los católicos, y verdaderamente a todos los hombres de buena voluntad. La guerra debe evitarse a toda costa, o casi a toda costa.

Dicho esto, consideremos militarmente el historial de nuestro país con respecto a los dos últimos criterios enumerados anteriormente: *debe haber serias perspectivas de éxito; el uso de las armas no debe producir males y desordenes más graves que el mal a ser eliminado.*

¿Debe haber serias perspectivas de éxito? Los Documentos de Afganistán revelan lo que muchos de los críticos de las guerras sospecharon todo el tiempo: nuestros líderes, tanto civiles como militares, no tenían un concepto claro de lo que "éxito" significaría. Perdónanos por ser tan contundentes, pero una gran franja de la derecha en el país se desmaya

---

[81]   CCC 2307–9.

y deja a un lado todo juicio crítico cuando un hombre en uniforme les dice algo.

Hay un cierto jingoísmo que impregna a la derecha en este país, especialmente cuando se trata de asuntos de guerra y paz. ("Coloquialmente, el jingoísmo es un sesgo excesivo al juzgar al propio país como superior a los demás -un tipo extremo de nacionalismo".[82] Añadiríamos que el patriotismo sincero del pueblo es a menudo manipulado cínicamente por los poderes que, a través del jingoísmo, nos apresuran a la guerra. No consideramos el tipo extremo de retórica nacionalista del presidente Trump como jingoísta porque se ha comprometido a esforzarse por mantenernos fuera de las guerras insensatas. Palabras fuertes y una clara voluntad de respaldarlas parecen haber funcionado hasta ahora. Recuerda la frase "Esto termina ahora.")

A diferencia del verdadero patriotismo, el jingoísmo es poco reflexivo, poco crítico y, en última instancia, peligroso, a menudo para los mismos que han seguido a los líderes de nuestra nación en tocar los tambores de guerra. Por desgracia, son precisamente aquellos seguidores cuyos hijos en su mayor parte han ido a morir y ser mutilados en el extranjero; los hijos e hijas de la clase política, con algunas pocas excepciones notables, rara vez pagan ese precio. Piensa en la gran canción de Creedence Clearwater Revival, "Fortunate One".

Cuestionar algunas de nuestras decisiones y desastres en materia de política exterior no es en modo alguno denigrar a las tropas. Más bien, cuestionar, franca y honestamente, las

---

82   Wikipedia, s.v. "Jingoism", modificado por última vez el 14 de febrero de 2020, 14:15, https://en.wikipedia.org/wiki/Jingoism.

decisiones que envían a los jóvenes a morir a un país extranjero o para pedir su regreso a casa cuando se justifica es, de hecho, apoyarlos de la mejor manera posible.

Vale la pena considerar lo que nuestra política exterior, liderada por los neoconservadores republicanos y el ala Clinton del partido Demócrata -en otras palabras, "el *Pantano*" o "el unipartido"— ha forjado en el medio oriente y más allá. Su desastroso historial en la política exterior, estos dos católicos creen, es razón suficiente para no dejar que se acerquen a las palancas del poder de nuevo, ya que han jugado con el patriotismo de tantos americanos con un efecto perjudicial.

Irak

Después del 11 de septiembre, la administración de Bush nos dijo que Saddam Hussein tenía armas de destrucción masiva y que de alguna manera un hombre fuerte sunita que era un enemigo mortal de los yihadistas islámicos radicales y del régimen de Irán fue el que estaba detrás de la atrocidad de las Torres Gemelas. No lo era; el establecimiento nos mintió a iniciar una guerra, una guerra que resultó en la muerte y destrucción de los cristianos y los yazídis. Sí, lo hicimos. Nosotros, los Estados Unidos de América. Puede que no les hayamos hecho guerra a ellos, pero creamos las condiciones en las que podrían ser aterrorizados.

El país fue arrojado al caos. Su población cristiana y yazídí, protegida del extremismo islámico por Hussein (no deberíamos tener que decir esto, pero reconocer el hecho no debería ganar la acusación de ser un fan de Saddam Hussein.), fue diezmada, y el país cayó en la esfera de influencia de Irán, lo que no fue una sorpresa dada la mayoría chiita. Es difícil entender cómo nuestros líderes políticos y militares no podrían haberlo previsto. Pat Buchanan lo vio venir, al igual que muchos otros escépticos de la guerra en la izquierda y la derecha. Por otro lado, tal vez no es tan difícil de entender dado lo que ha sido aprendido y lo que queda por aprender de los Documentos de Afganistán. ¿Le extraña a alguien que el escepticismo de nuestras aventuras militares haya jugado un papel importante en la victoria de Trump en 2016?

Y, sin embargo, mientras se daban los últimos toques a este libro, Trump se enfrentó a una situación que presentaba un problema único para un presidente que había sido elegido en una plataforma antiguerra, o al menos una plataforma "antiguerra estúpida". Todos ustedes sin duda conocen los detalles, al menos como se informaron, del ataque con drones que mató a Quassem Soleimani y la respuesta tibia, hasta la fecha, de los iraníes.

Aquellos que eligieron a Trump en gran medida debido a sus promesas de no llevarnos a ninguna guerra insensata estaban muy preocupados. demócratas y republicanos "nunca Trump" no perdieron un minuto en denunciar que estaba comenzando la 3ra guerra mundial, mientras que otros celebraron —tal vez reflexivamente, tal vez no— esta demostración de poder americano; estas personas parecen nunca haber oído de un ataque con misiles o un bombardeo que no les gustara. Y Trump, con su retórica belicosa a lo largo de los años, ciertamente puede alimentar esa atmósfera.

Y, sin embargo, ¿qué sucedió? La respuesta iraní a la muerte de Soleimani fue tibia en el mejor de los casos, (o peor dependiendo cómo se vea). Trágicamente, derribaron un avión de pasajeros que salía de su país e inmediatamente perdieron toda buena voluntad que pudieran haber tenido en términos de una "condición de víctima" ante la comunidad internacional. Uno se pregunta si la verdad de ese derribo alguna vez saldrá a la luz.

Pero de nuevo, ¿qué sucedió? Transparencia completa: los autores siempre hemos estado confundidos cuando se dice que los iraníes chiitas son el patrocinador estatal número uno del terrorismo mundial, pero todos los ataques terroristas más prominentes, decapitaciones, genocidios, y similares en los últimos años han sido cometidos por musulmanes sunitas: EIIL, Boko Haram, Al Queda, la lista sigue y sigue. Además, las fuerzas iraníes y otras fuerzas chiitas, junto con Rusia (ese villano), han desempeñado un papel muy prominente en el retroceso de EIIL en países como Siria. Y, sin embargo, como individuos que votaron por Trump en parte debido a su postura "antiguerras estúpidas", confiamos en él, y esperamos lo mejor. ¿Por qué? ¿Cómo podemos decir eso?

Soleimani había sido el jefe de la fuerza Quds. Quds es la palabra árabe para Jerusalén; ¿Significa eso que no descansarán hasta que hayan tomado Jerusalén? Ciertamente, sus llamados a la muerte de Israel y la muerte de los Estados Unidos califican como indicadores de intenciones hostiles. Tal vez en lugar de preocuparnos por ser arrojados a una gran guerra, deberíamos darnos cuenta de que ellos han estado en guerra con nosotros desde la revolución iraní de 1979. Si Donald Trump decide emprender esta guerra teniendo como objetivo a líderes terroristas en lugar de enviar a jóvenes americanos a morir en tierras extranjeras, si no sólo está en contra de guerras estúpidas, sino en contra de luchar guerras estúpidamente y puede lograr una paz duradera a través de la demostración de poder, y si al hacerlo, la trágica historia del guion de medio oriente puede ser reescrito para las futuras generaciones, bueno, entonces tal vez haya méritos en este enfoque. Habiendo dicho esto, imploramos al presidente Trump que siempre explique claramente al público (y al congreso) cualquier acción militar de la manera más clara y convincente posible. Que no se apoye en las afirmaciones de los "halcones" en su administración. Votamos por usted, en parte, debido a su resistencia a los belicosos neoconservadores. Honre a su base confiando en nosotros para explicar las cosas claramente.

Siria

Bashar Al-Assad, un alawita, es otro ejemplo de un hombre fuerte del medio oriente que proporcionó una relativa paz y prosperidad para su pueblo, tanto musulmán como cristiano, y mantuvo el extremismo islámico a raya hasta que los "rebeldes", respaldados por Estados Unidos, se levantaron contra él. A pesar de lo que diga la propaganda occidental, hay amplia evidencia de que esos "luchadores por la libertad" que apoyamos, y con los que algunos políticos anti-Trump fueron fotografiados antes de que tomara su cargo, eran yihadistas. Si leíste el *Informe de Bengasi*, sabes de lo que estamos hablando. Una vez más, Estados Unidos, al trabajar para derrocar un régimen secular en el medio oriente, allanó el camino para los horrores impuestos por EIIL a nuestros hermanos y hermanas cristianos. Nuestro historial bajo las administraciones anteriores a la de Donald Trump fue notablemente consistente: la primavera musulmana siempre y en todas partes significa un invierno cristiano.

Y, sin embargo, antes de Donald Trump, el unipartidismo tanto conservador como liberal apoyó esas políticas y la destrucción del régimen de Assad. Muchos en su administración todavía lo hacen, pero lo que realmente sucedió fue que en todas partes en que el régimen de Assad perdió el control, EIIL aterrorizó a la población cristiana nativa, matando hombres, violando y esclavizando a las mujeres y los niños. Por el contrario, cuando las fuerzas armadas de Assad y sus aliados retomaban territorio, la misa se celebraba de nuevo, los árboles de Navidad eran erigidos y la gente cantaba canciones. ¿Nuestros medios nos dicen la verdad? ¿Y nuestros líderes militares y políticos? ¿Qué piensan los cristianos locales? La siguiente breve entrevista con el patriarca Ignacio José III Younan tuvo lugar en 2016.

> Entrevistador: ¿Cómo era la vida de los cristianos bajo Assad?
>
> Patriarca: Tenemos que decir clara y honestamente que el caos en cualquier país del medio oriente no ayuda en modo alguno a las minorías, especialmente a los cristianos, que son el segmento más vulnerable de la población. De hecho, los cristianos carecen de números y de petróleo y no tienen ninguna intención terrorista que represente algún peligro para las sociedades civilizadas. Han sido el blanco de esas bandas de terroristas en nombre del islam. Por lo tanto, un

régimen de gobierno fuerte, como el que tenía Siria (es decir, el gobierno de Assad) es mucho mejor que el que ha estado extendiendo la muerte y la destrucción durante más de cinco años. Los medios de comunicación occidentales lograron demonizar a Assad, sólo por la codicia oportunista de algunos políticos...En ambos países, Siria e Irak, no habrá esperanza para la supervivencia cristiana, sin un estado civilizado fuerte.

E: ¿Cómo ven los cristianos en el medio oriente a los Estados Unidos y sus acciones?

P: Tenemos que distinguir entre los políticos que dirigen el país y el pueblo americano. Estos últimos son compasivos y están listos para ayudar a los pobres y a los marginados. Los cristianos, así como la mayoría de la población del medio oriente, consideran que la política de los Estados Unidos es una de las peores. [Una vez más, esta entrevista se llevó a cabo en 2016, es decir antes de la administración Trump. Aquí, el patriarca critica a las administraciones anteriores.] No se puede ayudar a la gente intentando exportar e imponer una especie de democracia occidental. Esto es una ficción, en países donde no se tiene en cuenta la separación del estado y la religión.

E: ¿Cómo ve a los medios de comunicación occidentales?

P: Desde el comienzo de la agitación en la región, los medios occidentales han sido muy sesgados. La historia juzgará…las mentiras del conglomerado de medios occidentales.

I: ¿Cómo ven los cristianos del medio oriente a Rusia, especialmente las acciones de ese país en comparación con las de los Estados Unidos? ¿Qué país consideran que es el mejor amigo y/o protector?

P: Los cristianos y muchas otras personas honestas consideran a Rusia más confiable y sincera en la defensa del pueblo sirio. ¡En este sentido, Rusia es más amigable y se le puede confiar mucho más! A pesar de sus intereses geopolíticos, Rusia a menudo ha declarado su intención y ha tratado de ayudar a alcanzar una solución política y preservar la unidad del país. Si queremos hablar de protección, los cristianos sienten que han sido abandonados, incluso traicionados por los políticos occidentales, no por los rusos.

I: ¿Qué pueden hacer los cristianos que se preocupan en los Estados Unidos y occidente para ayudar a su pueblo?

P: Ser sinceros, proclamar "La Verdad en la Caridad" como nos recordaba el papa Benedicto XVI. Instamos a cristianos en los Estados Unidos a despertar y defender el derecho de cada pueblo a encontrar la manera apropiada de gobernarse a sí mismos.

Oramos y suplicamos a la "Theotokos", la santísima virgen María, que es invocada por nuestros himnos sirios como "la madre llena de misericordia", que nos mire a nosotros, sus hijos, que han sido los testigos de su Hijo Divino hasta el punto de derramar su sangre como mártires. ¡Para que sobrevivamos!

Si no crees en los patriarcas cristianos del medio oriente que tienen que vivir entre las personas que desean su destrucción, busca en internet los términos "Assad y cristianos" y haz clic en imágenes. Mira las fotos que aparecen en tu computadora. No creas a tus ojos mentirosos, cree en nuestra clase política mentirosa y en nuestros conocedores de los medios si lo prefieres. Pero no eres un amigo de los cristianos del medio oriente si lo haces. Esas imágenes que verás incluyen imágenes de los boy scouts sirios cristianos marchando y sosteniendo fotos de Assad, así como otras de él y su hermosa esposa visitando iglesias cristianas. Contrasta eso con lo que les sucedió a esas personas después de que ayudamos a los "rebeldes". Una carnicería.

Assad está retomando el territorio de su nación, y el país está en proceso de ser reconstruido. Ojalá que Estados Unidos bajo una administración Trump no interfiera o impida ese proceso. Señor presidente, al momento de escribir estas líneas, Turquía está reuniendo tropas y tanques cerca de la ciudad de Idlib. Por favor, considere las súplicas de los líderes de los cristianos en el medio oriente y no participe en el cambio de régimen ahí. ¿Es Turquía realmente un aliado nuestro? ¿Es esa nuestra pelea? Por favor, escuche a los líderes cristianos y tome sus temores e inquietudes en cuenta. (Los últimos acontecimientos tienen a Erdogan, el presidente de Turquía, abriendo de nuevo las compuertas a Europa para las fuerzas anti-Assad en retirada…sin duda muchos yihadistas entre ellos. ¡Con amigos como esos…!)

Libia

Gadafi: un hombre fuerte musulmán, pero no islamista, que el *establecimiento* en los Estados Unidos, en su infinita sabiduría, decidió que se tenía que ir. Es cierto, Gadafi había sido culpable de actos de terrorismo en el pasado, pero parecía haber encontrado un modus vivendi con occidente. Al igual que los otros, era el enemigo mortal de los islamistas radicales. ¿Por qué, uno se pregunta, los Estados Unidos y otros decidieron que tenía que ser eliminado? Pero no importa, fue eliminado, a pesar de sus advertencias a occidente de que "después de mí la inundación" (de refugiados musulmanes a Europa). Esas advertencias resultaron prescientes, ya que Libia servía como el corcho que impedía que cientos de miles de musulmanes, entre ellos muchos radicales, fluyeran a Europa. Parafraseando a Joe Biden alardeando de que él forzó al fiscal ucraniano a abandonar una investigación sobre la compañía de su hijo: "Bueno, hijo de p*ta", Gadafi tenía razón. La incursión islámica en una Europa post cristiana ya está dando sus horribles frutos, y las cosas sólo empeorarán. Es difícil ver con optimismo la situación dadas las realidades demográficas. ¡Otra medalla en el pecho del *establecimiento* de política exterior contra el que Donald Trump combatió!

Un pensamiento final sobre un curso católico adecuado para nuestro gran país (y escribimos esto con toda sinceridad) a tomar con respecto a nuestros esfuerzos de "cambio de régimen" en el medio oriente y sus consecuencias que deberían haber sido previstas. Algunos lectores reconocerán esto como el Acto de Contrición, dicho comúnmente después de confesar los pecados. Bajo el presidente Trump, se espera que hagamos satisfacción por esos pecados.

> Dios mío, me arrepiento de todo corazón de todo lo malo que he hecho y de lo bueno que he dejado de hacer, porque pecando te he ofendido a ti que eres el sumo bien y digno de ser amado sobre todas las cosas. Propongo firmemente, con tu gracia, cumplir la penitencia, no volver a pecar y evitar las ocasiones de pecado. Perdóname, señor, por los méritos de la pasión de nuestro salvador Jesucristo.

Rusia

¡Rusia! ¡Rusia! ¡Rusia! (disculpas a Jan Brady.) Donald Trump fue elegido presidente sin ninguna ayuda de Rusia, a pesar de las afirmaciones de los demócratas, republicanos nunca-Trump, y la mayoría de los medios de comunicación. Sorprendentemente, hoy en día (mientras escribimos este libro) continúan haciendo esa afirmación desacreditada en el juicio de destitución del presidente. El abogado especial de Mueller demostró que no hubo colusión, y ellos no eran testigos o investigadores amistosos. Se espera que los juicios que se avecinan (tal vez ya sucedidos para cuando leas esto) relacionados con el mayor escándalo en la historia política americana demostrarán, es de esperar, lo que realmente sucedió. Pero, más allá de la farsa y la criminalidad de los detalles involucrados, para nuestro propósito aquí, nos gustaría hacer algunas observaciones acerca de Rusia que normalmente son ignoradas por los medios de comunicación

occidentales, incluso por aquellos a favor de Trump porque, bueno, Rusia es, por supuesto, el enemigo número uno y debe permanecer como tal.

En primer lugar, los católicos pueden estar interesados en saber que el cristianismo está creciendo significativamente en Rusia. La Iglesia Ortodoxa Rusa tiene un amigo cercano y un simpatizante en Vladimir Putin. Putin, de hecho, ha manifestado públicamente que protegerá, o más bien, que luchará por proteger a los cristianos en áreas de todo el mundo donde son amenazados. Ha respaldado esa promesa en lugares como Siria, donde las fuerzas rusas han sido fundamentales en la erradicación de EIIL.

Los católicos debemos preguntarnos: ¿por qué no es posible la paz con Rusia? Trump y Putin parecían tener una cierta afinidad. El corrupto *establecimiento* político, de nuevo tanto de derecha como de izquierda, está por alguna razón aterrorizado de cualquier acercamiento entre los dos países. Trump, con su informal sentido común, preguntó muchas veces en su campaña, ¿sería malo tener una buena relación con Rusia? Aparentemente, para demasiados en el *establecimiento* de política exterior, y, la verdad sea dicha, parece que dentro de la administración de Trump también, la respuesta es sí. Y así, Rusia es y ha sido demonizada.

En nuestra opinión, tras la caída de la Unión Soviética, Rusia ha sido más pecada en contra que pecadora frente a occidente. Por favor, no dejes de leer. Recuerda la amonestación de Belloc de leer ampliamente, incluso, tal vez especialmente, puntos de vista con los que tal vez no estés de acuerdo.

Toda persona pensante debe leer el trabajo acerca de Rusia

de Stephen F. Cohen. Un editor colaborador de la revista *The Nation*, una revista de la izquierda extrema, Cohen proporciona una perspectiva acerca de Rusia que debe ser leída y considerada por todos los americanos. También es un invitado frecuente de Tucker Carlson en la televisión.

El profesor Cohen ha escrito con gran detalle del sufrimiento que el pueblo ruso sufrió a raíz de la caída del comunismo, un sufrimiento provocado en gran medida por asesores occidentales y una nueva raza de oligarcas rusos -en otras palabras, por nuestros viejos amigos "las élites globales". Lo que Cohen ha escrito a lo largo de los años sirve para abrirnos los ojos y proporciona una explicación del porqué de la popularidad de Vladimir Putin. Baste decir que occidente, específicamente las «élites globales" de occidente, tienen gran parte de la responsabilidad de la corrupción bajo Yeltsin y el ascenso de los oligarcas. Vladimir Putin es la respuesta del pueblo ruso a esa crisis.

En las relaciones internacionales, occidente ha presionado a Rusia en formas en las que prometió no hacerlo; después del final de la guerra fría, occidente se comprometió a no avanzar a la OTAN hacia la frontera rusa, y ha roto su palabra y ha hecho exactamente eso. A Rusia siempre se le pinta como el malo, pero en nuestra opinión, occidente tiene mucho por qué responder, probablemente más incluso que Putin y compañía. Y no estamos solos; otros católicos, como Pat Buchanan, sienten de manera similar. Considera las palabras de Daniel J. Mahoney, profesor de la facultad de Assumption College en Worcester, Massachusetts: "También debemos examinar nuestro papel en el deterioro de las relaciones este-oeste. Sabemos que los rusos han cometido muchos errores y tal vez desconfían indebidamente de las intenciones occidentales. Dicho esto, los Estados Unidos intervinieron masivamente en las elecciones presidenciales rusas de 1996 para apoyar a Boris Yeltsin, quien presidía una cleptocracia que traicionó la promesa de reforma postcomunista y estaba empobreciendo descaradamente a decenas de millones de ciudadanos rusos comunes y corrientes".[83]

Es de esperar que Donald Trump, un hombre que busca la paz y la prosperidad y que no se suscribe a las piedades neoconservadoras que han asolado al mundo, encontrará una manera de "hacer un trato" y, por lo tanto, una paz permanente con Rusia.

Ucrania

Estados Unidos, bajo la administración Obama, tuvo una influencia perniciosa en Ucrania, y nuestras acciones dieron lugar a una guerra civil, que condujo a la incursión de Rusia y a la consecuente anexión de Crimea (votada por los propios crimeos abrumadoramente). Así que, perdónanos si evadimos el aplauso para nuestros patrióticos miembros del Departamento de Estado, esos "servidores públicos dedicados" que son exhibidos durante la sesión en la Cámara de Representantes del juicio de destitución.

Una vez más, este libro es una mirada católica a Trump, tómalo como quieras, y estos siguientes párrafos son una

---

[83] Daniel J. Mahoney, "Post-Communist Russia Is Not the Soviet Union", *RealClear Politics*, 7 de agosto de 2018, https://www. realclear politics.com/articles/2018/08/07/post-communist_russia_is_ not_the_soviet_union_137730.html.

mirada contraria a nuestra política exterior en Ucrania, de nuevo, tómalos como tú quieras. Aquí está lo que creemos que sucedió. Estados Unidos fomentó un golpe de estado ahí porque el gobierno bajo un hombre llamado Yanukóvich se inclinaba más hacia Rusia que hacia la OTAN; tal vez Rusia les estaba ofreciendo un mejor trato, pero los Estados Unidos jugaron un papel clave en el fomento de la llamada revolución Maidan que derrocó a Yanukóvich e instaló a alguien amigable con nuestro proyecto equivocado e ilegal. El ya mencionado Mahoney, en el mismo artículo, apoya esta visión de esos eventos. Escribe: "Pocos se dan cuenta de que, por muy desagradable que sea, el gobierno democráticamente elegido de Ucrania que fue derrocado en febrero de 2014 no debería haber sido asaltado por las muchedumbres con el expreso apoyo del gobierno de los Estados Unidos. Eso es una burla a la promoción de la democracia".

Lo más positivo que se puede decir de toda esta triste historia es que esta maravillosa exportación de algo parecido a "nuestra democracia" condujo, final y felizmente, a la elección del reformador Zelensky. Pero sepan que los que se mantienen en el Departamento de Estado de la administración de Obama no estaban demasiado satisfechos con ese resultado. Tampoco Joe Biden lo estaba. Esta historia, sin embargo, se cuenta mejor en la narrativa sobre la farsa de la destitución ya que Ucrania estaba en el centro de esa farsa.

Irán

Para los partidarios de Trump que estaban entusiasmados con su oposición declarada a enredos y desenredos extranjeros, los recientes acontecimientos en Irak que involucraban a Irán eran, sin duda, preocupantes. Trump y su equipo, sin embargo, han dado explicaciones satisfactorias, al menos para nosotros, de que esta ha sido una guerra de combustión lenta con Irán desde que llegó la República Islámica al final de la administración de Carter. Una guerra silenciosa, tal vez, en la que nosotros hemos simplemente cedido terreno mientras Irán y sus representantes han logrado ganancias alrededor del globo. La retórica del régimen iraní siempre ha sido la muerte de Israel y la muerte de los Estados Unidos. Trump decidió que ya era suficiente y que "esto termina ahora". Averso a perder incluso una vida americana ahí, también ha decidido que la mejor manera de poner fin a esta saga es por el asesinato selectivo de líderes terroristas de nuestros enemigos. Baghdadi, jefe de EIIL y llorado por la prensa anti-Trump como un "austero erudito religioso", y luego Soleimani, jefe de la fuerza Quds iraní y aliado clave de Hezbolá en todo el mundo.

Uno se pregunta qué traerán los próximos años con respecto a las relaciones entre Estados Unidos e Irán. Por supuesto, esto está inextricablemente ligado a lo que suceda con Israel. Pero confiamos más en Trump de lo que confiamos en Obama, más de lo que habríamos confiado en Hillary, y más que nadie que nominen los demócratas en 2020. Con el asesinato de Soleimani, Trump les dijo a los iraníes, "Esto termina ahora."

China

Trump lleva años diciéndole a cualquiera que le escuche que China nos está "matando en el comercio". Y llamó a los responsables por su nombre. A medida que su primer mandato llega a su fin, ha logrado una gran victoria para nuestro país: un nuevo acuerdo comercial con China que va a hacer mucho para balancear los libros y a que fluya la inversión a los Estados Unidos. Esto se traduce en trabajos, bien pagados, además. Trump usó como palanca a los mercados americanos y su garrote favorito, los aranceles, pero también su considerable encanto y relación personal con el presidente Xi para tener éxito. Nombra a hombres buenos en el comercio exterior —grandes hombres en su esfera— en Wilbur Ross, Bob Lighthizer, y Peter Navarro para representar a los Estados Unidos y nuestros intereses, y tiene un prominente católico como hombre de punto en Larry Kudlow para explicárselo al pueblo americano.

Corea del Norte

Corea del Norte parece haber desaparecido un poco de la escena mundial, pero los pasos dados por el presidente Trump y Kim Jong Un en la zona de desmilitarización, fueron enormemente significativos. El tiempo dirá, pero nuestro presidente, con su suministro aparentemente inagotable de energía, piensa fuera de la caja y logra grandes objetivos que otros ni siquiera considerarían. Esta observación nos lleva a…

Israel

Israel, y su lugar en el medio oriente y en el mundo, ha sido un lugar de disturbios políticos y violencia casi constantes desde su creación. El problema bien podría decirse que es insoluble. ¿Cómo podría ser de otra manera cuando algunos de sus vecinos declaran abiertamente su intención de un día, muy pronto ellos esperan, borrar a Israel de la faz de la tierra? También se pueden reconocer injusticias contra los palestinos, pero, para nuestros propósitos aquí, no necesitamos entrar en esa discusión.

Hasta cierto punto, sin minimizar el vasto sufrimiento humano que se ha producido en ambos lados, no importa cómo llegamos a este punto. Aquí estamos. ¿Qué vamos a hacer al respecto? ¿Qué van a hacer al respecto? Donald Trump es, sin duda, un gran amigo de Israel y no es imparcial en este asunto.

Pero si no puede ser imparcial, ¿eso le impide ser justo? Él es un solucionador de problemas; él quiere resolver este problema de décadas que parece que no tiene solución. Y así, con ese fin, cuando su juicio de destitución estaba llegando a su fin en el senado, dio a conocer un plan que incluye una solución de dos estados, siempre considerado como inviable para Israel. Y, sin embargo, Bibi Netanyahu estaba de pie junto a él mientras introducía el plan a los medios de comunicación y al mundo.

En consonancia con nuestro esfuerzo por recurrir a fuentes no muy amigables al presidente Trump, considera las observaciones registradas por Scott Ritter en un artículo de opinión publicado en internet en *RT*.[84]

Los detalles del acuerdo propuesto se pueden encontrar fácilmente en internet. Sin embargo, lo que Ritter concluye -recuerde que él no es particularmente amigable hacia Donald Trump o Israel- es que este es un tipo de trato "esto termina ahora". La insostenible posición del estado de Israel frente a sus vecinos y la trágica situación de los palestinos ha plagado al mundo durante décadas. A través de este acuerdo, Trump se esfuerza por conseguir que el mundo islámico reniegue el terror islámico y las amenazas dirigidas contra Israel. Ritter escribe sobre las diversas garantías de seguridad "y las condiciones previas relacionadas que un gobierno palestino debe aceptar, incluyendo el desarme de Hamas y otros grupos militantes".

Ritter reconoce que el trato podría funcionar porque Trump ha puesto el reloj en marcha. La pelota está en la cancha de los palestinos y sus aliados; si después de cuatro años no se llega a un acuerdo, está implícito en el acuerdo que Israel resolverá el problema por sí mismo, bajo términos seguramente peores a los que actualmente se ofrecen.

Ritter parece aplaudir a Trump por imponer su visión de la paz en el medio oriente a ambas partes. Anteriormente, la creación de un estado palestino era una demanda incondicional de los palestinos, una demanda histórica y consistentemente rechazada por Israel. Al incluir la creación de este

---

84   Scott Ritter, "Trump's 'Deal of the Century' is an 'offer they can't refuse', and that's why it will likely work," *RT*, 28 de enero, 2020, https://www.rt.com/op-ed/479422-israel-palestine-deal-ultima tum/.

estado, Donald Trump "ha hecho lo que ningún otro ha sido capaz de hacer — lograr que Israel acepte una solución de dos estados con Palestina. Con el ultimátum a prueba de balas que ha inventado, los palestinos aún pueden terminar estando de acuerdo".

Donald Trump es un presidente de "América Primero", sin duda. Pero dado el rol de los Estados Unidos en el mundo, inevitablemente tenemos muchos compromisos, amistosos y no tan amistosos, que caen bajo el manto de política exterior. Somos dos católicos que pensamos que, en general, nuestro *establecimiento* de política exterior debería tener que dar explicaciones mucho más a menudo y con más persuasión de lo que lo hacen. El genio está fuera de la botella. Entendemos la necesidad de que ciertas cosas permanezcan confidenciales, pero se hacen demasiadas afirmaciones y las medidas que se toman dejan complacida a la mitad del país y enfurecida a la otra mitad, siempre a lo largo de las líneas partidistas. Si nuestro gobierno con respecto a la política exterior es más transparente con nosotros, es de esperar que esto suceda con menos frecuencia. Considera esto un llamamiento al presidente Trump para que continúe buscando la paz a través de la fuerza y la diplomacia en el mundo.

7

LOS VOY A ARROLLAR

No es que no tengamos suficientes sinvergüenzas para maldecir; es que no tenemos suficientes hombres buenos para maldecirlos.[85]

G. K. Chesterton[1]

Las apasionadas palabras pronunciadas con tanta frecuencia por el presidente Trump y todo su estilo de campaña con un hablar claro y lenguaje áspero hace recordar a otra figura fuerte del pasado político de Estados Unidos, "Old Hickory" Andrew Jackson. Lee estas palabras atribuidas a Jackson y mira si oyes ecos de un discurso de Trump sobre el Pantano:

> ¡Caballeros! Yo también he sido un observador cercano de las acciones del Banco de los Estados Unidos. He tenido hombres observándolos durante mucho tiempo, y estoy convencido de que han utilizado los fondos del banco para especular con los alimentos del país. Cuando ganaron, se dividieron las ganancias entre ustedes, y cuando perdieron, le cargaron las pérdidas al banco. Ustedes me

---

85   "Quotations of G. K. Chesterton", *The Apostolate of Common Sense*, https://www.chesterton.org/quotations-of-g-k-chesterton/.

dicen que si tomo los depósitos del banco y anulo su autorización arruinaría a diez mil familias. ¡Eso puede ser cierto, caballeros, pero ese es su pecado! ¡Si les dejo seguir, arruinarán a cincuenta mil familias, y ese sería mi pecado! **Son una guarida de víboras y ladrones.** ¡He **decidido arrollarlos, y por el Eterno,** (golpeando su puño sobre la mesa) **¡los arrollaré!**

Palabras fuertes de Old Hickory, el séptimo presidente de los Estados Unidos y un hombre no ajeno batallas -en guerras, duelos y política. Compare esas palabras con un discurso que Donald Trump dio en 2016 en Colorado:

El cambio real también significa deshacerse de la corrupción en Washington…

…La corrupción pública es una grave y profunda amenaza para una democracia.

La corrupción gubernamental se propaga hacia afuera, como un cáncer, e infecta las operaciones del mismo gobierno. Si la corrupción no es removida, entonces el pueblo no es capaz de tener fe en su gobierno. Deteriora y debilita el espíritu de participación cívica.

La corrupción desintegra nuestra confianza en las instituciones y en nuestro sistema legal.

Cuando el resultado está arreglado, cuando el sistema está amañado, la gente pierde la esperanza. Se separan. Nuestra sociedad se desconecta y se disloca. Cuando los poderosos pueden salirse con la suya, porque tienen el dinero y las conexiones para manipular el sistema, entonces las leyes pierden su autoridad moral…

Como dijo una vez FDR, un gobierno por dinero organizado es tan peligroso como un gobierno por una muchedumbre organizada.

Esto es lo que vemos a menudo en los países del tercer mundo -donde los gobiernos a menudo están dirigidos por una pequeña minoría de personas corruptas para su enriquecimiento personal.

La corrupción es corrosiva para todas las instituciones del gobierno, y debe ser detenida.

Restaurar la honestidad en nuestro gobierno, y el estado de derecho en nuestra sociedad, será mi máxima prioridad como presidente… Es por eso que mi "Contrato con el Votante Americano" comienza con un plan para poner fin a la corrupción en el gobierno y recuperar a nuestro país de los intereses especiales.

Quiero que todo el corrupto *establecimiento* de Washington escuche y preste atención a las palabras que les voy a decir. Cuando ganemos el 8 de noviembre, iremos a Washington, D.C. **¡Y vamos a DRENAR EL PANTANO!**[86]

Esto fue una tan clara declaración de guerra contra el *establecimiento* corrupto como uno podría imaginar. El *establecimiento* ya le había declarado la guerra a él. Al tiempo

---

[86] Sundance, "Transcript of Donald Trump in Colorado: 'Draining The Swamp'", *The Last Refuge* (blog), 29 de octubre de 2016, https:// theconservativetreehouse.com/2016/10/29/transcript-of-donald-trump-in-colorado-draining-the-swamp/.

que escribimos estas palabras, el juicio de destitución en el senado de los Estados Unidos está en pleno apogeo. Es la culminación y, con suerte, el último esfuerzo de aquellos que reconocen en Donald Trump a su enemigo mortal, porque ven en él a un hombre decidido a restaurar la honestidad y la integridad de nuestro gobierno (dicha restauración resultaría en una serie de acusaciones, juicios y condenas de muchos en el *Pantano*), o simplemente porque no están de acuerdo con su opinión de cuáles deberían ser nuestras políticas tanto extranjeras como internas. Con respecto a la política exterior y las necias guerras interminables en el medio oriente sin resolución, Trump parece haber dicho: "¡Esto termina ahora!" Del mismo modo, con respecto a ser abusado en los acuerdos de comercio exterior, ha dicho: "Esto termina ahora". Y con respecto a la corrupción en el gobierno de los Estados Unidos, también ha dicho: "Esto termina ahora". Y así, como una bestia acorralada, el *establecimiento* determinó destruirlo.

8

EL PANTANO
CONTRATACA

*Una vez que la antorcha de la traición se enciende en
todas partes, arruina el orden público, fomenta el desprecio
del gobierno y estimula la anarquía. Derroca todos los
elementos del poder tanto sagrado como civil.*[87]

Papa Gregorio XVI

¿Traición?

Donald Trump, Tweet 5 de septiembre de 2018

*No te mentiré. Estos falsos ataques son absolutamente hirientes. El que mientan de ti, ser calumniado, ser manchado tan
públicamente, y ante tu familia que amas, es muy doloroso.
Lo que está pasando es atroz más allá de cualquier palabra.
Gente que conoce la historia, gente que ve la historia, gente
que conoce los hechos, ni siquiera pueden creerlo. Es reprobable más allá de la descripción, es totalmente corrupto.*[88]

---

[87] Papa Gregorio XVI, Encíclica *Singulari Nos* (1834), no. 4.

[88] "TRANSCRIPT: Donald Trump - discurso respondiendo a
acusaciones de acoso, NPR, 13 de octubre de 2016, https://
www.npr.org/2016/10/13/497857068/transcript-donald
-trumps-speech-responding-to-assault-acusations.

Cuando dio este discurso, Trump, tal vez, puede que no haya tenido idea de lo que le esperaba como presidente de los Estados Unidos, o tal vez si lo sabía. Nuestro país se enorgullece, en comparación con tantos otros en todo el mundo, de una larga tradición de transición pacífica del poder. Pero la transición de Barack Obama a Donald Trump vería una ruptura dramática con esa tradición. Eso que muchos en los medios de comunicación descartaron como una teoría conspirativa se está revelando que ha sido cierto todo el tiempo.

Es cierto que muchos blogueros y periodistas, tanto independientes como de medio tiempo, sabían del *estado profundo*[89] y sus maquinaciones casi desde el principio, el mencionado Sundance entre ellos. Es cierto también que algunos en los medios de comunicación como Tucker Carlson, Sean Hannity, y Laura Ingraham y sus invitados John Solomon y Sara Carter también tuvieron la historia, junto con una red de "guerreros digitales" en internet.

Es cierto también, sin embargo, que ha sido peor de lo que esperábamos. Lo que se ha intentado es un golpe de estado por otros medios: el intento de derribar al ganador de una elección por motivos espurios, en violación de nuestras leyes.

El comportamiento de los anti-Trump más rabiosos, desde antes de la elección, a través de la farsa del juicio de destitución, y más allá, ha sido reprobable y antiamericano. Es increíble e instructivo mirar hacia atrás a los últimos días de la campaña de 2016 y ver que una gran preocupación de

---

[89]   N del T: El *estado profundo* es el nombre que le da Trump al aparato gubernamental permanente y no sujeto a elecciones en los diferentes departamentos del poder ejecutivo.

muchos en la izquierda era si Donald Trump aceptaría los resultados de la elección. ¡Ellos son los que no han aceptado los resultados de esa elección! Una vez más, lo acusaban precisamente de aquellas cosas de las que ellos son culpables. Creemos que eso se llama proyección.

Resistir, debemos

Por supuesto, la negativa de la parte anti-Trump a aceptar su presidencia no es tan mala en que ha dado lugar a muchos momentos humorosos para los fans del presidente. El famoso video de la mujer de rodillas el día de la inauguración gritando "¡Nooooooo!" al cielo es graciosísimo. Los clips armados en internet de los comentaristas de los principales medios de comunicación en la noche de la elección son divertidísimos. Si no los has visto, trata de encontrar uno. Una vez más, muy graciosos y reveladores de los verdaderos prejuicios de las "noticias falsas." Pero, lamentablemente, ha habido mucho de lo que ha ocurrido que no es gracioso en absoluto.

Los medios de comunicación siempre han hecho hincapié en la amenaza de violencia de la gente pro-Trump. Lo contrario, sin embargo, es lo que realmente ha ocurrido. La gran mayoría (y por mucho) de la violencia políticamente motivada desde y a raíz de la victoria de Trump ha sido llevada a cabo por individuos o grupos anti-Trump. Considera sólo algunos incidentes bien conocidos de 2016:

29 de abril: Alrededor de entre 1,000 y 3,000 personas protestaron en el área que rodea a Burlingame,

California, donde Trump iba a dar un discurso en la convención republicana del estado de California. Los manifestantes se lanzaron a las puertas de seguridad en un momento. Los activistas bloquearon una intersección principal fuera del evento y vandalizaron un coche de policía. Eventualmente, la policía restauró el orden en la zona. Por razones de seguridad, el propio Trump se vio obligado a escalar una pared y entrar por una entrada trasera al lugar.

2 de junio: Protestas y disturbios ocurrieron fuera de un mitin de Trump en San José, California. Durante una serie de protestas, cientos de manifestantes anti-Trump ondeando banderas mexicanas se subieron a coches y hostigaron a partidarios de Donald Trump. Hubo informes de violencia incluyendo casos de botellas lanzadas y asaltos contra simpatizantes de Trump. Un oficial de policía fue agredido. Al menos una bandera americana fue quemada por los manifestantes. Las imágenes de vídeo de una mujer simpatizante de Trump siendo acribillada con huevos lanzados por los manifestantes se hicieron virales. La violencia y la inacción policial fueron criticadas en el ayuntamiento de San José más tarde ese mismo mes.

19 de agosto: Manifestantes hostigaron, empujaron y les escupieron a los simpatizantes de Trump fuera de un evento de recaudación de fondos en Minneapolis.[90]

---

[90]   Wikipedia, s.v. "Timeline of protests against Donald Trump", última modificación el 20 de febrero de 2020, 05:09, https://en.wikipedia.org/wiki/Timeline_of_protests_against_Donald_Trump.

Las protestas son una cosa, pero la violencia dirigida a los ciudadanos por su apoyo a un candidato en particular no tiene precedentes en la reciente historia política americana, especialmente en su extensión a políticos reales. El senador Rand Paul fue agredido físicamente por un vecino anti-Trump y fue hospitalizado con lesiones graves; los efectos los siente hasta el día de hoy. Paul también estuvo en el partido de béisbol del congreso en 2017 cuando un hombre anti-Trump abrió fuego contra el equipo republicano, hiriendo a una serie de individuos, siendo el más famoso de ellos el congresista Steve Scalise de Luisiana. Según Wikipedia (citando un artículo del *Daily Beast*), el asaltante había escrito: "'Trump es un traidor. Trump ha destruido nuestra democracia. Es hora de destruir a Trump & Co.' por encima de su comentario en una petición en change.org exigiendo "la eliminación legal" de Trump y del vicepresidente Mike Pence por 'traición'".[91]

Hemos visto el surgimiento de un grupo llamado Antifa, que significa —aparentemente la ironía no es intencional— antifascista o antifascismo. Este es un grupo enmascarado que ha asaltado a gente, vandalizado propiedad pública, y parece recibir amplia latitud en una cierta ciudad liberal en la costa noroeste del pacífico.

---

[91]   Wikipedia, s.v. "2017 Congressional Baseball Shooting", modificado por última vez el 21 de febrero de 2020, 17:29, https:// en.wikipedia.org/ wiki/2017_Congressional_baseball_shooting; *Kelly Weill, Katie Zavadski y Emma Kerr*, "Congressional Shooter Loved Bernie Sanders, Hated 'Racist & Sexist' Republicans", *The Daily Beast*, 14 de junio de 2017, http://www.thedailybeast.com/ congressional-shooter-loved-bernie-sanders-hated-racist-and-sexist-republicans.

La palabra "Resistir" y el concepto de "La Resistencia" han entrado en el vernáculo de la política americana. Esos términos no indican exactamente la aceptación del resultado de una elección presidencial. Tampoco el hecho de que un sitio en internet dedicado a la destitución del presidente Trump fue lanzado el día de su inauguración, según lo informado por medios de comunicación como el *Washington Post* y *Time Magazine*. Tampoco el hecho de que ver televisión y navegar internet son constantemente interrumpidos por los omnipresentes anuncios de Tom Steyer pidiendo su destitución. Es de esperar que, con su retirada de las elecciones primarias de los demócratas, veamos cada vez menos de él.

Una vez más, esto no es normal. Como católicos, valoramos el orden público y, sí, por supuesto, la legítima demostración política y la protesta, pero las acciones de oposición a Donald Trump antes descritas deben ser condenadas por cualquier persona cuerda.

La naturaleza sin precedentes de la oposición al candidato y luego presidente Trump también se refleja en las acciones de los políticos y burócratas anti-Trump, el *estado profundo*, cuyo estilo de vida fue amenazado por la candidatura, la elección y la presidencia de un hombre fuera de su control. Entre aquellos para quienes la principal fuente de noticias han sido MSNBC o CNN, esperamos que muchos descartarán de inmediato incluso el uso de ese término como la retórica paranoica de un teórico de conspiraciones. Está bien. Sin embargo, también esperamos que haya algunos en esa demografía que estén abiertos a lo que se está revelando ahora y se despejará en los próximos meses, tal vez incluso mientras lees este libro. Cada vez es más evidente que hubo una conspiración activa llevada a cabo por las más altas figuras en la administración anterior para debilitar la candidatura de Trump y, luego, su presidencia. Un complot no sólo para debilitarla, sino para finalizarla a través de convertir el aparato de inteligencia de los Estados Unidos en un arma para promover un golpe de estado no violento.

Un golpe de estado en 280 caracteres o menos[92]

Uno de los observadores más entusiastas y perspicaces de todo el sórdido asunto es un hombre llamado Brian Cates, un columnista de *The Epoch Times* (https://www.theepochtimes.com/) y el sitio de periodismo de investigación www.UncoverDC.com, que tuitea como @drawandstrike.

A inicios del año 2020, Cates publicó una serie de tuits que sirven como un sólido resumen de lo que se le hizo a Donald Trump por el delito imperdonable de amenazar con gobernar en interés de americanos comunes y corrientes y luego ganar una elección basada en esa promesa. Bueno, cuando lo decimos de esa manera, parece más comprensible el por qué no se detendrían ante nada -su propia existencia estaba amenazada, y ningún truco era demasiado bajo para estos personajes. Gran parte de esta información no

---

[92] Para un resumen excepcional y sucinto de los aspectos de abuso de la FISA de la trama para derribar al presidente Trump, vea los videos en el sitio de Sundance. Son producidos por el mismo John Spiropolous cuyos videos sobre el escándalo del servidor Clinton proporcionamos enlaces antes y se pueden ver en https://theconservativetreehouse.com/2018/03/19/why-how-who-the-big-picture-in-video-summary/

es conocida por aquellos que no han seguido la historia de cerca o han visto sólo CNN o MSNBC. Pueden parecer historias de manicomio o teorías de conspiración. Está bien; estos escritores podemos vivir con eso. Estamos seguros de que, en las próximas semanas y meses, los eventos descritos serán más conocidos. Así que, aquí está, un relato de criminalidad, sí, un intento de golpe de estado en los más altos niveles de nuestro gobierno condensado para su conveniencia. (La siguiente es la versión del artículo del hilo de Twitter de Cates publicado en www.UncoverDC.com.)[93]

Una retrospectiva sobre la histeria de los últimos cuatro años de noticias falsas Trump

Gracias al informe final de Robert Mueller y al informe del Inspector General Horowitz del Departamento de Justicia acerca de los abusos de FISA del FBI, tenemos una imagen mucho más clara de lo que realmente sucedió durante las elecciones de 2016 y los primeros tres años de la presidencia de Trump.

Debido a que los demócratas y el complejo de Medios del comité nacional demócrata no te dirán la verdad, esto es lo que realmente sucedió en los últimos cuatro años.

---

[93]   Brian Cates, "A Retrospective on The Past Four Years of Fake News Trump Hysteria", UncoverDC, 31 de diciembre de 2019, https://un coverdc.com/2019/12/31/a-retrospective-on-the-past -four-years-of-fake-news-trump-hysteria/.

Comienza el espionaje

Los conspiradores de SpyGate en el FBI comienzan a espiar a Donald Trump y su equipo en 2015. Afirman que comenzaron a finales de julio de 2016, pero eso es una mentira.

Su espionaje está oculto como una investigación de contrainteligencia. El FBI le miente al tribunal de la FISA diciendo que tienen "causa probable", alegando que tienen pruebas sólidas y verificadas de que Carter Page está actuando como un agente de un gobierno extranjero. También "sospechan" que el teniente general Michael Flynn, George Papadopoulos y Paul Manafort están haciendo lo mismo.

Para obtener la orden judicial de FISA para espiar en la campaña de Trump, el FBI utiliza un falso dossier Trump/Rusia. Ese dossier vino de un agente político de Clinton, el ex espía del MI6 Christopher Steele. El espionaje continúa después de que Trump gana las elecciones. Espían a su equipo de transición, y espían después de que Trump entra en la Casa Blanca.

El FBI sigue haciendo uso de las falsas acusaciones Trump/Rusia de Steele incluso después de darse cuenta de que Steele estaba siendo pagado por la campaña de Hillary Clinton para obtener investigaciones de oposición dañina a la campaña de Trump.

El FBI renueva la orden judicial de Page tres veces. Esto significa que están haciendo espionaje electrónico "legal" a Trump y sus socios cercanos durante 11 meses, de octubre del 16 a septiembre del 17.

Evidencia exculpatoria

Durante este tiempo, el FBI acumula evidencia exculpatoria acerca de Page, Flynn, Manafort y Papadopoulos, pero la agencia oculta esa evidencia al Tribunal de la FISA en cada una de las tres solicitudes de renovación.

Los investigadores de la oficina del Inspector General del Departamento de Justicia [OIG] atrapan a Kevin Clinesmith (el abogado del FBI encargado de obtener las renovaciones de la orden judicial de la FISA) manipulando un correo electrónico de la CIA. Motivo: El FBI había preguntado a la CIA si las afirmaciones de Page sobre ser un contacto de la CIA eran ciertas. La CIA había confirmado al FBI que Page era efectivamente un contacto operativo de su agencia.

De hecho, de 2008 a 2013, Page estaba trabajando de cerca con la CIA para ayudar a romper un anillo de espionaje ruso. Esto continuó durante el período de tiempo de la orden judicial de la FISA. Así que, sí, Page se había estado comunicando con la CIA sobre sus contactos rusos hasta 2016-17.

Desafortunadamente, esta respuesta a la consulta del FBI no es lo que los conspiradores de SpyGate quieren oír.

¿Cómo puede el FBI seguir usando los contactos de Page con funcionarios de inteligencia y del gobierno ruso como evidencia de que él es un agente ruso si Page está trabajando con la CIA, informándoles sobre estos contactos? Para solucionar este problema, Clinesmith decide editar la respuesta de la CIA a la consulta del FBI. Altera el correo electrónico para mostrar a la CIA diciendo que Page no era un contacto de esa agencia.

Además, en enero de 2017, el FBI finalmente se da tiempo para entrevistar a la fuente principal de Steele con respecto a las acusaciones contra Carter Page en el dossier. La fuente *niega por completo* las acusaciones de Steele que el FBI había utilizado para obtener la orden judicial.

La fuente le dice al FBI que Steele les estaba MINTIENDO porque él -la fuente- nunca le dijo a Steele muchas de las alegaciones que aparecen en la orden judicial de la FISA. La fuente dice que, *en el mejor de los casos*, ALGO de lo que Steele transmitió fueron *grandes exageraciones*. La fuente está horrorizada al ver a Steele describiendo sus conversaciones como "inteligencia secreta" de un informante altamente colocado dentro del gobierno ruso.

Una vez más, esto NO es lo que los conspiradores de SpyGate quieren escuchar, por lo que también ocultan el testimonio de la fuente a la corte FISA.

Para resumir, el FBI no sólo está ocultando lo que la CIA dijo acerca de Page, sino que también están ocultando lo que la "fuente" de Steele les dijo

Comey despedido; Mueller contratado

En mayo de 2017 el director del FBI, Comey, es despedido e inmediatamente filtra uno de sus memorándums al New York Times. Comey es llamado a testificar ante el congreso donde DEMANDA el nombramiento de un Abogado Especial para investigar la interferencia rusa en las elecciones de 2016. Exige un enfoque especial acerca de los lazos de la campaña de Trump con Rusia.

El ex director del FBI, Robert Mueller, es nombrado Abogado Especial y rápidamente reúne a un equipo de 13 demócratas enojados y comienza su investigación.

Dos investigaciones se fusionan en una. Muchos de los miembros del equipo del FBI *"Crossfire Hurricane"* convergen con el Abogado Especial de Mueller en la búsqueda del santo grial: cualquier evidencia que puedan encontrar de crímenes de Trump y/o colusión con Rusia.

A finales de septiembre de 2017, la última renovación de la FISA expira y el Abogado Especial de Mueller se queda sin su influencia en la búsqueda de su Santo Grial.

A pesar de los 11 meses de vigilancia intensiva y súper amplia de Trump y sus socios por parte del FBI, el equipo *Crossfire Hurricane* no tiene NADA que entregar a Mueller. Los únicos crímenes identificados resultan ser algunos crímenes de fraude bancario y de impuestos por Manafort y el ex abogado de Trump Michael Cohen, y una serie de cargos de perjurio de proceso contra Flynn, Papadopoulos y Roger Stone.

El abogado especial amplía su búsqueda

Ahora toda esperanza depende del equipo del Abogado Especial de Mueller, y el Fiscal General Adjunto de los Estados Unidos, Rod Rosenstein, les regala un nuevo y amplio alcance de autoridad para su investigación intensiva y exhaustiva.

Con ese regalo, Mueller y su manada de sabuesos buscan por todas partes, por arriba y por abajo, mirando cuidadosamente debajo de cada piedra, árbol y arbusto durante 2 años y medio. ¿Y qué encontraron? ...nada. Incluso utilizando ese amplio alcance proporcionado por Rosenstein para ir excavando frenéticamente en los impuestos de herencia del mucho antes fallecido Fred Trump...nada.

A lo largo de este período de 2 años y medio en el que Mueller y su equipo de 13 demócratas enojados están haciendo todas estas búsquedas furiosas e inútiles, los medios de noticias falsas están siendo alimentados con una TONELADA de filtraciones falsas, y agasajan al público con cuentos acerca de todas las pruebas que dicen que Mueller está encontrando. El equipo de Mueller está haciendo todo menos investigar lo que los trajo ahí en primer lugar; las alegaciones del dossier de Steele. Mueller afirma que no era de su "competencia".

Los filtradores anónimos seducen a los crédulos periodistas durante años con cuentos acerca de que los socios cercanos de Trump se están volteando en contra de Trump y están cantando como canarios a Mueller mientras exponen toda la coordinación secreta entre Trump y su amo en Moscú, Vladimir Putin.

Según algunos de estos medios de noticias falsas, Trump supuestamente está sufriendo de una depresión dentro de la Casa Blanca, ambulando de aquí para allá, aletargado, en su bata de baño, bebiendo Diet Coke y viendo malhumoradamente el Gorilla Channel en un intento de animarse a sí mismo mientras las paredes comienzan a cerrársele.

Schiff y Nunes

Un loco con ojos de bicho en el congreso (un demócrata, naturalmente) aparece en la televisión todo el tiempo haciendo afirmaciones extravagantes acerca de toda la evidencia "buena, sólida, y más que circunstancial" que él ha visto demostrando la colusión Trump/Rusia...

Este demócrata loco con ojos de bicho también ha estado en una batalla cerrada durante dos años con el representante republicano Devin Nunes. Ambos hombres produjeron memorándums en febrero de 2018 acerca de abusos del FBI del sistema FISA...

El memorándum de Nunes se publicó primero y detalla los graves abusos y los problemas con la orden judicial FISA de Carter Page, alegando que el FBI está ocultando información clave a la corte. La nota de respuesta de Schiff es un repudio a la nota de Nunes, afirmando que Nunes está mintiendo deliberadamente y engañando al público para avanzar sus propios propósitos políticos partidistas.

Qué memorándum dice la verdad es un asunto que permaneció sin resolverse durante todo 2018 y casi todo 2019.

Falsificadores expuestos

Mientras tanto, el Abogado Especial de Mueller continúa. El Fiscal General Jeff Sessions renuncia a finales de 2018 y es reemplazado por Matthew Whitaker. En febrero de 2019, Whitaker, repentinamente, anuncia que Mueller está terminando su investigación. Muchos medios de comunicación y comentaristas políticos se niegan a creerle.

Resulta que Whitaker está diciendo la verdad. Mueller realmente está terminando su investigación, y los únicos asuntos pendientes terminan siendo la sentencia del sustituto de Manafort, Richard Gates, y otro proceso inútil de perjurio procesal contra... Roger Stone.

Los demócratas y los medios de noticias falsas se esfuerzan para adaptarse a la nueva realidad evitando cualquier responsabilidad. Después de más de dos años de vender noticias falsas acerca de que Mueller tiene evidencia de colusión electoral entre Trump y Rusia, los charlatanes y falsificadores son expuestos cuando Mueller publica su informe final.

Lo máximo que el equipo de Mueller pudo hacer fue ofrecer un vago argumento de obstrucción basado en una lectura retorcida, como un pretzel, de una ley de obstrucción de la justicia. Con un caso tan débil, Mueller no está dispuesto a levantar cargos, por lo que se lo pasa al nuevo Fiscal General, William Barr.

Barr y el Fiscal General Adjunto, Rod Rosenstein miran la oferta final de Mueller, tienen una buena risa, descartan la oferta, y se van a tomar una cerveza.

Y eso es lo que pasó. La investigación exhaustiva de 2 años y medio por los 13 demócratas enojados de Mueller mataron al engaño de la supuesta colusión Trump/Rusia.

En todo su espionaje de antes de julio de 2016 no encontraron crímenes de Trump.

En todo su espionaje posterior a julio de 2016 antes de que obtuvieran la orden judicial FISA de Page no encontraron crímenes de Trump.

En todo su espionaje FISA desde octubre del 16 a septiembre del 17 no encontraron crímenes de Trump.

¿Ves un patrón emergiendo?

Por último, a pesar de 13 demócratas enojados en el equipo de Mueller investigando desde junio de 2017 hasta febrero de 2019…no encontraron crímenes de Trump.

Increíble, ¿no?

Piensa en esto. Desde el momento en que Trump anunció su candidatura a la presidencia en 2015 hasta el momento en que ganó la elección, Trump fue el candidato presidencial más investigado en la historia de los Estados Unidos.

Sabes que lo intentaron.

Lo intentaron y fracasaron.

Hay que inventar un crimen

Si todo este espionaje e interceptación y transcripción e investigación de Trump y sus socios cercanos durante más de CUATRO años hubiera producido ALGO REAL, ya lo habrías VISTO.

Esta es la razón por la que, a finales de la primavera/principios del verano de 2019, los demócratas y sus medios de comunicación amigos se dieron cuenta de que, si ALGUNA vez iban a destituir a Trump o dañar sus esfuerzos de reelección, tendrían que INVENTAR crímenes.

Ponte en los zapatos del liderazgo demócrata y del complejo de medios democráticos en abril/mayo de 2019. Después de casi cuatro años de una búsqueda implacable, no se encuentra ningún crimen real de Trump, pero entonces el HOMBRE EQUIVOCADO gana la presidencia en Ucrania y te enteras de que Trump y Rudy Giuliani están trabajando con este nuevo presidente para investigar la corrupción masiva en su país. Se están concentrando en miles de millones de dólares de los contribuyentes americanos enviados a Ucrania como ayuda extranjera que simplemente desaparecieron.

¿Qué hacer?

Si eres miembro de la dirección del Partido Demócrata o uno de los ejecutivos en el complejo de medios demócratas, entonces INVENTAS un crimen que involucra una llamada telefónica. Este crimen inventado será después "expuesto" por un filtrador criminal, pero, para que suene legítimo, llamarás a esta persona un informante.

Irónicamente, el exvicepresidente Joe Biden fue capturado en un video alardeando abiertamente haber forzado al ex gobierno ucraniano a un quid pro quo amenazando con retener una garantía de un préstamo de 1,000 millones de dólares que ya había sido acordado.

En otras palabras, el falso crimen que los demócratas usaron como catalizador para destituir a Trump es exactamente lo que el video muestra haciendo a Biden. Así de absurdo es todo esto.

Los demócratas no quieren que NADIE investigue lo que Biden y otros hicieron en Ucrania de 2012 a 2019. El presidente Trump estaba haciendo su trabajo: tratando de hacer cumplir la ley y honrando los tratados en un esfuerzo por descubrir en dónde acabó nuestra ayuda extranjera financiada con nuestros impuestos; pero los demócratas mienten y dicen que lo que hizo es un CRIMEN.

Así es como llegamos a donde estamos hoy con este absurdo teatro del juicio de destitución. Schiff sigue diciendo mentiras descaradas, primero negando que sus asistentes se coordinaron con el informante falso, y luego admitiéndolo, pero insistiendo en que no sabe el nombre del informante.

Y, después de 2 meses de parlotear acerca de extorsión y soborno, Pelosi y compañía lanzaron dos artículos absurdos sobre "abuso de poder" y "desprecio del congreso".

Parece una farsa porque es una farsa.

Trump expone su blof

Ha sido una farsa de dos meses en la que el liderazgo demócrata y sus amigos en los medios de comunicación han engañado a todo el país al afirmar que el filtrador criminal de la llamada telefónica de Ucrania es algún tipo de héroe y su nombre debe ser **protegido**.

Es absurdo que Schiff y Nadler fingieran que no saben el nombre del filtrador, y sus amigos en los medios de comunicación pretenden que PUBLICAR el nombre es una cosa muy mala.

¡Es literalmente de una historia de Harry Potter! El filtrador criminal de la llamada telefónica de Ucrania se ha convertido en "¡Él que no debe ser nombrado!"

Recientemente, Trump llamó a este estúpido blof retuiteando deliberadamente el tuit que se muestra a continuación, que muchas personas me dicen que todavía pueden ver en su línea de tiempo:

[El retuit del presidente no se muestra aquí. Consulte el artículo fuente que se encuentra en el pie de página para verlo.]

> Así que ahora, después de meses de hacer la absurda afirmación de que decir que nadie puede decir el nombre de este filtrador, TIENEN que afirmar que Trump violó la ley.
>
> Llamó su blof.
>
> Esto significa que el liderazgo demócrata y sus amigos en los medios de comunicación tienen sólo dos opciones:
>
> Tienen que apostar o tienen que retirarse.
>
> El reloj está ahora corriendo... ¿qué harán?

Por cierto, terminaron apostando y enviando artículos de destitución al senado. Cuando estés leyendo esto, ya todos habremos visto cómo se desarrolló el juego de destitución. Alerta: no como Schiff y sus amigos esperaban.

De acuerdo con el principio de Belloc esbozado en el capítulo acerca de las noticias falsas, leer una variedad de fuentes es una práctica saludable, no sea que uno corra el riesgo de tener sus propios prejuicios confirmados. Uno de mis escritores favoritos es un hombre llamado James Howard Kunstler. Leerlo, para alguien que ama la buena escritura, es un placer visceral. Estoy de acuerdo con él en algunas cosas y no estoy de acuerdo en otras. Escribe sobre una variedad de temas sociales, entre los más famoso son acerca de los debilitantes efectos de los suburbios y la insostenibilidad a largo plazo de una economía basada en petróleo barato y abundante. Pero no es un verde radical, y si no recuerdo mal, ha escrito acerca de cuántas fuentes de energía favoritas entre los ecologistas radicales no son viables. Identifica correctamente la única fuente viable si quieres avanzar hacia un futuro bajo en carbono: energía nuclear. Pero eso no es

pertinente a nuestra discusión, y de nuevo, uno puede estar
en desacuerdo con él o estar de acuerdo, como tu consideres
conveniente. Pero como el hombre honesto que es, él conoce
la profundidad de la criminalidad a la que ha descendido el
estado profundo en los últimos años.

Con respecto al fiasco de la destitución, Kunstler mantuvo
una especie de comentario en su blog que se puede encontrar en www.Kunstler.com. Así que aquí está la ingeniosa y
bien escrita perspectiva de James Howard Kunstler, ningún
hombre de la derecha él, y sus observaciones francas sobre el
juicio de destitución. Sus publicaciones de blog individuales
están tituladas y fechadas, por lo que puedes "hacerte una
idea" del comentario mientras sucedía. Si no estás familiar-
izado con lo que pasó, creo que esta entretenida lectura será
iluminadora.

JM

Destitucion-A-Rama,

o segunda parte de un golpe de estado,

o "…de los charlatanes que te trajeron el escándalo de Rusia viene 'la secuela' el escándalo de Ucrania"

Halloween se terminó y el baile también
(1 de noviembre de 2019)

Así que Nancy Pelosi y Adam Schiff llevan a la república a un peligroso abismo en un día oscuro mientras diseñan una resolución de la Cámara de Representantes con reglas para una investigación estilo medieval acerca de la existencia de fantasmas. El fantasma del día, por supuesto, es el legendario "informante", un ectoplasma de la CIA conocido por todo el mundo y su tío en Pantanolandia como [un cierto] ex empleado de Joe Biden, agente de bajo nivel del consejo de seguridad nacional retenido de la administración de Obama, y un "activo" de John Brennan profundamente involucrado en las bromas ucranianas durante las elecciones de 2016 y la posterior fuga de desinformación a los medios de comunicación desde los primeros días de la administración Trump…

Parece obvio que la prisa de los demócratas a este totalmente irregular juicio de destitución ocurrió como respuesta directa y proporcional al creciente peligro que para ellos representa el informe inminente del Inspector General del Departamento de Justicia y la noticia hace una semana de que el Fiscal General elevó su "revisión" de todas las cosas relacionadas con el RusiaGate a una investigación criminal, con jurados de acusación convenidos para procesar acusaciones. Mientras tanto, los procedimientos del representante Schiff en el sótano de la Cámara de Representantes parecen haber revelado solo evidencia que contradice las premisas de su malvada empresa. Uno por uno, sus testigos han fracasado…en el quijotesco esfuerzo del Sr. Schiff para demostrar que la transcripción de la llamada telefónica del Sr. Trump al Sr. Zelensky dice algo distinto de lo que se puede leer claramente en sus páginas.

Es difícil saber cómo la Cámara podría transmitir su barcaza de basura de obvias falsedades al senado —los riesgos son tan peligrosos— pero si se atreven a hacerlo, espero que conduzca a un juicio real, donde el debido proceso de la ley prevalece y, por primera vez, una larga lista de actores maliciosos en esta épica de traición realmente tendrán que responder por sus actividades traicioneras. Gran parte de lo que se ha documentado en los últimos dos años acerca del golpe de estado para destituir al Sr. Trump nunca llegó a las páginas de *The New York Times, Washington Post,* y las cadenas de noticias por cable, y puede ser un shock para las personas que solo leen y ven noticias de estas fuentes.[94]

La Cámara de Representantes entra en receso por unos diez días. Es muy probable que el informe del Departamento de Justicia sea publicado antes de que regresen. También hay una considerable probabilidad de que contendrá

---

[94]   El control e ingeniería de la narrativa de noticias falsas, sin embargo, está en proceso de ser explotado conforme el nombre Durham, abogado de los Estados Unidos, atormenta el Pantano. Una vez más, para cuando esté leyendo estas palabras, es posible que esté siguiendo audiencias y/o juicios por televisión. JM.

una gran cantidad de información condenatoria acerca de asuntos relacionados de una manera u otra con el juicio de destitución. Dudo que los medios de comunicación convencionales puedan evadir informar a este respecto. También hay indicaciones de que el largo suplicio del proceso del general Michael Flynn está a punto de terminar en una debacle para la banda de abogados del Sr. Mueller, que han estado ocultando sus vilezas a la corte del juez Emmet Sullivan desde diciembre pasado. Cuando ese caso explote, las reverberaciones tronarán a través de cada rincón de Washington DC y todo en el campo de batalla se verá diferente para la gente de esta tierra.

El Departamento de Estado Profundo del Estado Profundo (15 de noviembre de 2019)

Por ahora, se trata de esto: el Departamento de Estado de EE.UU. está en guerra con la Casa Blanca. Los aliados del Departamento de Estado en el congreso de mayoría demócrata quieren ayudar a derrocar al ocupante de la Casa Blanca porque está *interfiriendo* en la política exterior del departamento. Los empleados de toda la vida en Estado son los mismos que ejecutaron un golpe de estado en 2014 contra el gobierno de Ucrania y echaron al presidente electo Victor Yanukovich porque se inclinó por unirse a una unión aduanal regional respaldada por Rusia en lugar de a la OTAN. Los diplomáticos de toda la vida tienen mucha experiencia en golpes de estado. Ahora están intentando uno en casa, aquí en los EE.UU.

Desde la revolución Maidán de 2014, han trabajado diligentemente para ejercer control sobre los asuntos ucranianos. Y sobre todo no pueden soportar que el recién elegido presidente Zelensky declaró que quiere mejorar las relaciones de su país con los vecinos de al lado (y ex soberanos) Rusia. El ocupante de la Casa Blanca, el Sr. Trump, a menudo había expresado un interés similar por mejorar las relaciones de Estados Unidos con Rusia. Estado preferiría una nueva guerra fría. ¡Mr. Trump tiene la desfachatez de *interferir* con eso!

Los de toda la vida en Estado también tienen algo que ocultar: sus esfuerzos de confabular con los funcionarios del gobierno de Ucrania que controlaban para *interferir* en las elecciones presidenciales americanas de 2016 en favor de su exjefa, la señora Clinton. El actual espectáculo del juicio de destitución es un intento de lanzar una cortina de humo sobre ese desastre vergonzoso, que incluye los esfuerzos de la CIA y el FBI para culpar a Rusia por sus propias intervenciones ilegales en las elecciones de 2016 —el corazón de la narrativa de destitución durante los últimos tres años. El asunto Joe-y-Hunter Biden es la arteria descendente anterior izquierda en ese corazón.

El testimonio actual en el comité de inteligencia de la Cámara de Representantes plantea otra pregunta. ¿Quiénes son los legítimos diplomáticos tras bambalinas en la política exterior de Estados Unidos: el abogado personal del Sr. Trump, Rudolph Giuliani, o el niño mimado del departamento, el multimillonario aventurero político internacional e independiente George Soros? El presidente envió al Sr. Giuliani a Ucrania porque no confiaba en que los de toda la vida en Estado llegaran al fondo de las travesuras que emanaban de Kiev durante las elecciones de 2016, en las que los de toda la vida en Estado desempeñaron un papel activo, junto con el Sr. Soros y sus agentes —en particular un equipo llamado Centro de Acción Anticorrupción, financiado conjuntamente por el Sr. Soros y Estado (es decir, los contribuyentes estadounidenses).

El Centro de Acción Anticorrupción del Sr. Soros fue una entidad que la entonces embajadora de los Estados Unidos Marie Yovanovitch incluyó en una lista de "no investigar" sometida al entonces Fiscal General de Ucrania, Yuriy Lutsenko, según el periodista John Solomon. Solomon escribe:

En otras palabras, Estado estaba confirmando que su propia embajada había ejercido presión sobre los fiscales ucranianos para que retiraran ciertos casos de aplicación de la ley, justo como Lutsenko y otros funcionarios ucranianos habían alegado...más recientemente, George Kent, el encargado de la embajada en 2016 y ahora un Subsecretario de Estado, confirmó en el testimonio de destitución que él personalmente firmó en abril de 2016 una carta exigiendo a Ucrania que abandonara el caso contra el Centro de Acción Anticorrupción.

Traducción: una embajada americana activista se inmiscuyó en los asuntos políticos internos de Ucrania. Eso es una violación del derecho internacional. Sin duda Marie Yovanovitch será interrogada acerca de estos asuntos 15 minutos después de que escriba esto. El Sr. Soros financió una red de organizaciones sin fines de lucro que operan en Ucrania desde hace más de una década, incluyendo la Fundación Internacional del Renacimiento, la Fundación por una Sociedad Abierta, el Proyecto Sindicato y el Consejo Atlántico -conectado a la CIA-, que también recibieron millones de dólares de apoyo por parte del oligarca del sector energético Victor Pinchuk. (Adivina quién más es un consorte del Consejo Atlántico —el misterioso y *entrometido electoral* de 2016 Joseph Mifsud.) En 2015, Pinchuk pagó $150,000 a la fundación de Donald Trump para que el Sr. Trump diera un discurso por video a una conferencia en Kiev para fortalecer los lazos de Ucrania con occidente. Al mismo tiempo, Pinchuk había contribuido 25 millones de dólares a la Fundación Clinton. [Ahh, la Fundación Clinton. JM]

Preguntas entretenidas (18 de noviembre de 2019)

Cualquiera que dude de que el Fiscal General es mortalmente serio acerca de la limpieza del…desorden sedicioso generado por el Partido Demócrata, sus agentes en la burocracia permanente en Washington, y su brazo de relaciones públicas en los medios de comunicación, debería invertir una poco tiempo y atención en el discurso de William Barr a la Sociedad Federalista el viernes por la noche.

El Sr. Barr declaró inequívocamente y en un inglés claro que "al lanzar una guerra de saqueo sin restricciones de "Resistencia" contra esta administración, es la izquierda la que se dedica a la destrucción sistemática de las normas y a menoscabar el estado de derecho." ¿Alguna parte de eso no está claro? Los confundidos podrían aprender algo en esta lección más detallada en la historia reciente en el discurso:

"Inmediatamente después de que el presidente Trump ganara

las elecciones, oponentes inauguraron lo que llamaron 'la Resistencia', y se reunieron en torno a una estrategia explícita de usar todas las herramientas y maniobras a su alcance para sabotear el funcionamiento de su administración. Ahora, "resistencia" es el lenguaje utilizado para describir la insurgencia contra el gobierno impuesto por una potencia militar ocupante. Obviamente, connota que el gobierno no es legítimo. Esta es una noción muy peligrosa -de hecho, incendiaria- para importar a la política de una república democrática. Lo que significa es que, en lugar de verse a sí mismos como la "oposición leal", como los partidos de oposición han hecho en el pasado, esencialmente se ven a sí mismos como comprometidos en una guerra para paralizar, por cualquier medio necesario, un gobierno legítimamente elegido.

Las tormentas de diciembre (22 de noviembre de 2019)

Finalmente, te quedas con esa imagen de Adam Schiff sentado en la silla grande con labios fruncidos y los ojos salidos, como en una especie de locura hasta ahora sólo vista en *Canis latrans* del mundo de las caricaturas cuando, digamos, ha sobrepasado el borde del acantilado cargando un yunque en su pecho. ¿En qué estaba pensando cuando ideó este último capítulo quijotesco en la ignominiosa cruzada para revertir las elecciones de 2016?

¿Que nunca lo atraparían? El miércoles tontamente enseñó sus cartas en televisión nacional, diciendo al testigo, el heroico coronel Vindman, que no indicara qué agencia de inteligencia (¡de 23!) emplea a la única persona aún sin nombrar durante la épica llamada telefónica a Ucrania, *porque revelaría el nombre del "informante".* ¿Cómo puede ser eso? Tanto el Sr. Schiff como el coronel Vindman afirmaron no saber la identidad del "informante". Si es así, sería lógicamente imposible revelar al "informante" por el hecho de nombrar una agencia con miles de pequeñas abejas trabajadoras. Por supuesto, cayó en la trampa puesta por el miembro de la minoría, el Sr. Ratcliffe de Texas. ¿Quién no entiende que el coronel Vindman sabe exactamente quién es el "informante" porque él era el cómplice del "informante"? Schiff también lo sabe.

Si los arrogantes de la mayoría en el senado fueran inteligentes, darían la bienvenida a un juicio basado en los artículos de destitución, que, por supuesto, no tendría límites artificiales ni en cuanto a la lista de testigos, ni en las preguntas que se podrían hacer. La lista podría comenzar con el "informante". Entre las muchas falsedades pronunciadas por Adam Schiff está la de la inexistente ley que le dio a esa obscura figura el derecho al anonimato. Y, además, en cualquier juicio con un debido proceso, el acusado tiene el derecho absoluto de enfrentar a quien le acusa.

La Resistencia excava más profundo en su agujero (25 de noviembre, 2019)

La CIA, el FBI, el departamento de estado, todos ellos han sido partícipes en el golpe de estado para derrocar al señor Trump y los medios de comunicación han sido cómplices a lo largo de todo el camino. Duplicaron y hasta triplicaron su narrativa deshonesta y ahora están atrapados en ella.

Están desesperados por evadir responsabilidad en todo esto. Mucha gente piensa que tendrán éxito. Muchas personas quieren creer la historia de que Rusia hackeó la elección de 2016 para ayudar al Sr. Trump a derrotar a Hillary. La historia no es cierta. Los perpetradores están, finalmente, siendo descubiertos. Están dispuestos a derribar al país en lugar de enfrentar las consecuencias.

Deseo de muerte (2 de diciembre de 2019)

En realidad, la única pregunta ahora es ¿qué nueva manera encontrará el Sr. Nadler para humillarse y mortificar a su partido? El testimonio de apertura de esta semana será proporcionado por un panel de profesores de derecho constitucional que intentarán justificar una hermenéutica para la destitución sin relación alguna a las acusaciones reales. Seguramente se conformarán con crímenes mentales, ya que no hay nada más. ¿De quién fue la idea de oprimir el botón de snooze justo cuando el telón estaba por subir?

A continuación vendrá un gran pleito acerca de si la minoría puede llamar a testigos de su propia elección. El miembro líder Doug Collins (R-GA) ya ha pedido una comparecencia de Adam Schiff, presidente del comité de inteligencia de la cámara, cuyas travesuras procesales avergonzaron el mes pasado a cualquiera con una memoria vestigial del debido proceso anglo-americano. Algunos piensan que Schiff tiene algo que explicar acerca de las circunstancias de su espectáculo en la cámara. Él es, de hecho, un testigo presencial de todo eso, además de ser el emisor, hoy mismo, del informe de su propia comisión sobre todo eso, y por lo tanto susceptible a una examinación pública -especialmente en un tren de procedimientos tan graves como la destitución. Si el Sr. Nadler permite al Sr. Schiff evadir su testimonio, habrá mucho que pagar y, en la no muy probable perspectiva de un juicio de destitución en el senado, sería pagado ahí cuando una defensa desatada vaya a por el señor Schiff con agujas y tornillos y otras herramientas utilizadas en una interrogación genuina.

Luego está el "Informante", este aspirante a prestigio escondido detrás del delantal de Adam Schiff bajo la falsa afirmación de que tiene derecho al anonimato. ¡Qué idea bajo nuestro sistema de jurisprudencia! De hecho, contrariamente a los pronunciamientos públicos del Sr. Schiff, no existe ninguna ley que indique lo que él afirma -una de las varias cosas por las que el Sr. Schiff puede ser llamado a dar cuenta. Y eso es incluso si aceptas la deshonesta proposición de que el fugitivo que inició este fiasco incluso *era* un informante, en lugar de un desleal oficial de la CIA que actúa explícitamente por motivos políticos ilegales para *interferir en las elecciones de 2020.* La CIA, usted debe saber, está prohibida por carta y estatuto de operar contra los ciudadanos americanos en el país, incluyendo el presidente de los Estados Unidos. Dadas las circunstancias, el llamado "informante" podría ser acusado de traición.

Alguien no ha notado que uno de los abogados del "informante", Mark Zaid, tuiteó notoriamente el 30 de enero de 2017: ***"El golpe de estado ha comenzado. Primero de muchos pasos. #rebelión. #destitución vendrá en última instancia. #abogados."*** El Sr. Zaid explicó más tarde: "Me estaba refiriendo a un proceso completamente lícito". Sí, claro…por supuesto, el planeado "informante" fue sólo el último capítulo (quizás el último) en los anales de eventos y acciones nefarias llevados a cabo a lo largo y ancho por varias agencias gubernamentales durante tres años, y por muchos funcionarios que trabajan dentro de ellas, y no unos pocos pícaros independientes a su servicio. No hay manera más precisa de describir todo eso excepto como un golpe de estado. Las autoridades que investigan *todo eso* no han sido escuchadas todavía. El silencio portentoso está poniendo los pelos de punta a mucha gente en Washington.

Si los diversos comités de la cámara de representantes han puesto al Partida Demócrata en vigilancia de suicidio, entonces algo aún más mortal está al acecho fuera del escenario. Hillary Clinton está haciendo ruidos acerca de nominarse para las elecciones de 2020. Ella presiente la oportunidad mientras Joe Biden va lamentablemente con su pretensión de postularse para el cargo para evitar ser procesado por sus operaciones de corrupción internacional cuando ere vicepresidente. Piense en Hillary como la píldora de cianuro que el partido podría elegir morder a medida que el año continua ominosamente.

La guerra de las narrativas (9 de diciembre de 2019)

Luchando por su propia vida, la Resistencia lanza hoy una última maniobra de flanqueo en su guerra de tres años contra la realidad cuando el comité de inteligencia del representante Adam Schiff presenta sus hallazgos al comité judicial del representante Nadler por crímenes aún no especificados contra el Sr. Trump, posiblemente tan graves como traición. ¡Anuncio al consumidor! La Resistencia siempre acusa a su enemigo de los mismos actos que ellos cometen -por ejemplo, colusión con Rusia, la acción primordial que guía el espíritu de la Resistencia, la señora Clinton, perpetró en la contratación del equipo de Fusión GPS de Glenn Simpson y su líder estrella, Christopher Steele, para asociarse con agentes de desinformación rusos inyectando algo de fantasía útil en las elecciones de 2016.

Por lo tanto, puede estar serenamente seguro de que cualquier acusación real de traición eventualmente recaerá en miembros de la Resistencia en el gobierno que efectivamente planearon un golpe de estado para derrocar al ocupante de la Casa Blanca. Ese proceso de descubrimiento comienza hoy en otro lugar del campo de batalla, cuando el Inspector General del Departamento de Justicia, el Sr. Horowitz, presente su informe sobre las travesuras de la corte de la FISA. Su investigación, por supuesto, se limitó a los miembros actuales del departamento de justicia y del FBI, lo que deja fuera a muchos de los actores principales en ese esquema…—todos fueron despedidos o trasladados a otros matorrales en el apestoso pantanal de Washington DC. De todos modos, el golpe de estado va mucho más allá de los límites del alcance del Sr. Horowitz acerca del abuso de la FISA.

Entre muchos otros, el Inspector General no fue autorizado a interrogar al exjefe de la CIA John Brennan, el Llanero Solitario de RussiaGate, o a James Clapper, exdirector de inteligencia nacional, el fiel Toro del Sr. Brennan en la estafa...

Un personaje del que no se ha escuchado estos últimos meses es el ex Fiscal General Adjunto Bruce Ohr, que *no* fue despedido, sino transferido a algún puesto insignificante del Departamento de Justicia donde responde a infracciones de mal estacionamiento de la agencia, o algo igualmente inofensivo. Sospecho que el Sr. Ohr pudo haber desempeñado un papel decisivo en la investigación del Investigador General, y posiblemente voltearse en contra de sus colegas, ya que el Sr. Ohr estaba en la excepcionalmente incómoda posición de tener una esposa, Nellie Ohr, que es empleada directa de Fusión GPS, la empresa contratista de investigación de oposición de Hillary Clinton. El Sr. Ohr también está asociado con el líder de Fusión GPS, el Sr. Steele, después de que Steele fuera despedido oficialmente como una fuente pagada del FBI. El Sr. Ohr seguramente jugará un papel en el asunto Durham...

Así es que, como ves, tenemos dos narraciones en guerra en Estados Unidos: la historia de la Resistencia que intenta empujar al señor Trump fuera de la Casa Blanca por cualquier medio necesario, incluyendo una máquina de mentiras de mala fe; y la historia del Sr. Trump de que ha sido injustamente sujeto a un motín sedicioso por varias agencias federales dedicadas, cuando menos, a paralizar su función ejecutiva, y cuando más a sacarlo del cargo. Las dos historias pueden ser reconciliadas en los tribunales de justicia y el tribunal de la opinión pública. Hay evidencia de encuestas de que la Resistencia está perdiendo en este último, ya que sobreestimó el apetito del público por la deshonestidad oficial. Los tribunales de justicia esperan más adelante.

Especial de vacaciones de dos por uno
(13 de diciembre de 2019)

Hillary Clinton consiguió un buen retorno a su inversión con el acuerdo Fusión GPS: indujo una ruptura psicótica de tres años en el cuerpo político, destruyó la legitimidad de la aplicación de la ley federal, convirtió a una prensa una vez orgullosa, libre y racional en un motor infernal de mala fe, y finalmente está llevando a su Partido Demócrata a un suicidio ignominioso. Y el daño está lejos de estar terminado. Es posible que Clinton vuelva para escoltar personalmente al partido sobre el precipicio cuando, como se rumorea últimamente, se nomine a las elecciones primarias y arrebate la estafeta de líder al viejo enfermo del esclerótico status quo, el tío Joe Biden.

Los ciudadanos de esta naufragante polis han sido sujetos a un impresionante doble encabezado de espectáculos políticos a lo largo de la semana. El lunes, el informe Horowitz fue brevemente celebrado por la izquierda por afirmar que "no hubo prejuicios" y si un "predicado razonable" para el desorden RussiaGate -hasta que los auditores de hecho leyeron el documento de más de 400 páginas y descubrieron que estaba totalmente lleno de detalles incriminatorios que el Sr. Horowitz era demasiado educado, demasiado tímido, o demasiado débil de corazón para identificar como actos dignos de ser referidos para ser procesados.[95]

El Sr. Barr, el Fiscal General, y el Abogado de Estados Unidos John Durham inmediatamente dieron un paso adelante para dejar el récord claro, a saber, que esto no era el final del asunto y que estaban al tanto de toneladas de pruebas que llevarían, poco a poco, a una conclusión muy diferente. Esto fue recibido, por supuesto, con gritos reclamando su despido por parte de la izquierda jacobina. Pero luego, a mediados de semana, el Sr. Horowitz se presentó en persona ante el comité judicial del senado y no dejó ninguna duda de que toda la extravagancia de RussiaGate fue generada por el completamente falso dossier Steele de Fusión GPS y el llamado celo de la comunidad de inteligencia por utilizarlos para derrocar al presidente.

Las ondas de choque de todo esto todavía palpitan a través de la desordenada conciencia colectiva de esta república adolorida, y perturbarán el sueño de muchos exfuncionarios (y funcionarios actuales) durante meses por venir conforme el espectro de Barr & Durham se convierte en una pesadilla de tortura, paseos a la comisaría y juicios reales…

---

[95]   Puede que esté leyendo aquí un poco demasiado entre líneas, pero durante su testimonio ante el congreso, el Inspector General Horowitz, cuando le preguntó el senador Joni Ernst (R-IA) por qué no hizo ninguna referencia a delitos, me pareció que dijo que todo el informe constituía una referencia y eso fue lo que enviaron. Inspector General Report on Origins of FBI's Russia Inquiry, C-SPAN, video, 00:46, December 11, 2019, https://www.c-span.org/video/?c4838137/user-clip-ernst-horowitz-criminal-referrals. JM

Durante toda la semana, el Informe Horowitz y sus sorpresas posteriores fueron atendidos por el espectáculo de destitución en el comité judicial de Jerrold Nadler — un ejercicio tan carente de sentido y prudencia que avergonzaría a todos los canguros jamás reunidos en los tribunales de leyenda.

Una expulsión de demonios (16 de diciembre de 2019)

¿Cuánta ignominia pueden soportar? ¿No han comprendido la realidad de que la investigación de Mueller fracasó? ¿Que parece haber sido sólo una parte de una empresa criminal más grande para defraudar al público? ¿Que la Resistencia fue sólo un esfuerzo para encubrir la maldad en el *pantano* de un gobierno corrupto? Y ahora, para llegar a esto: dos artículos de destitución tan transparentemente vacíos que parecen ventanas en el alma vacía del Partido Demócrata.

Y ahora considere todo esto en la catástrofe en que las primarias demócratas se han convertido hacia la elección de 2020. ¿Joe Biden? ¿En serio? Él dejó un sendero de baba tan ancho como el anillo de DC alrededor de sus acciones como vicepresidente, con suficiente evidencia de video para hacer llorar al colegio de cardenales por sus perspectivas post mortales. Elizabeth Warren y Bernie Sanders podrían ser motivados a estudiar lo que acaba de suceder en las elecciones del Reino Unido, y sopesar que tanto los votantes americanos estarían dispuestos a cuatro años de ser agarrotados acerca de la *inclusión* y la *diversidad* más los vacíos llamados a *todo libre*...

Estas fiestas solemnes pueden ser la última oportunidad

del Partido Demócrata para evitar el suicidio. Necesitan tener una conversación con alguien en la línea directa cósmica, darse cuenta de que realmente han tocado fondo y deben, como el representante Devin Nunes sugirió el domingo a su colega Adam Schiff, admitirse en un hospital de rehabilitación.

Prepara la Tumba (17 de enero de 2020)

Tan titánicamente inconsciente es la Resistencia Demócrata que no comprendió que el miércoles en realidad estaba firmando su sentencia de muerte, completa con las oficiales plumas conmemorativas negro y oro usadas por Nancy Pelosi para firmar. Y que su *solemne y devoto* desfile de un lado al otro del capitolio fue en realidad el traslado de esa sentencia de muerte en lo que equivalió a la marcha fúnebre del partido. Recuerda esta paradoja eterna de la condición humana: *la gente obtiene lo que se merecen, no lo que espera...*

¿Podrían ser realmente tan tontos como para ofrecer "abuso de poder" y "obstrucción del Congreso" como artículos de destitución? Estudiantes de derecho en una corte simulada se reirían de estos cargos. Los nigromantes legales del futuro, con todo el tiempo del mundo, nunca comprenderán el significado previsto de estos cargos más allá de "te odiamos" y "lastimaste nuestros sentimientos". Pero depende del senado de hoy el disponer de ellos procesalmente de una manera u otra, y el ejercicio es seguro que tendrá un alto valor de entretenimiento.

En un mundo cuerdo y de adultos racionales, estos cargos

serían fríamente descartados como carentes de cualquier sustancia delictiva discernible. Pero como vivimos en una época de histeria, las reglas normales no aplican. Así siendo el caso, la defensa no debe mostrar misericordia alguna en el desenmascaramiento de la mala fe y el fraude que ofrecen haciendo lo que los demócratas de la Cámara de Representantes piden, llamar a testigos, con el fin de enviar a los demócratas al horno ardiente de la humillación y la infamia que tanto se merecen…

Lo que pronto sería obvio es que la travesura del "informante" fue un esfuerzo para desviar la atención lejos de una red de americanos que utilizaron a una Ucrania políticamente cautiva -después de la Revolución Maidán de 2014— para proteger una enorme estafa amenazada por la candidatura, y luego la elección, del Sr. Trump. Obviamente, están desesperados por quitarlo del camino. Son tantos los hechos que ya se conocen públicamente y que están documentados acerca de estos asuntos que el mecanismo jurídico aún no lo ha digerido. Pero, cuando lo haga, el Partido Demócrata habrá impulsado una estaca de madera a través de su propio corazón depravado.

Arreglos funerarios (20 de enero de 2020)

Como les gusta decir en los anuncios de películas de terror: ¡*Y…comienza…!* (sonidos lúgubres).

Si el *solemne y devoto* desfile del miércoles pasado por la rotonda del capitolio fue la marcha fúnebre del Partido Demócrata, entonces el juicio de destitución que comienza esta semana puede ser el entierro. El director de reparto no pudo haber encontrado a un director de funeral más perfecto que el serio y respetable Mitch McConnell...

Y, obviamente, la pregunta acerca de testigos lleva a un camino que va directamente a los Biden. Abre esa puerta y verdaderamente no hay nada en esta tierra verde de Dios que mantenga a Hunter B fuera de la silla de testigos. En cuyo caso tendrá que reiterar lo que dijo en una entrevista de televisión hace unos meses -van a poner la grabación en la sesión-, que es que obtuvo la chamba de no hacer nada en la junta directiva de Burisma por $83 mil al mes porque era el hijo del vicepresidente. O puede cambiar su historia y convertirse en un mentiroso. No sería necesario llamar a Joe Biden, sólo presentar en evidencia la grabación de él presumiendo cómo forzó a los ucranianos a cerrar su investigación de Burisma amenazando con retener un paquete de ayuda y un préstamo de miles de millones de dólares. Hmmmm. Suena sospechosamente parecido a lo que Trump es acusado. Pero sin evidencia.

¿Se estaba haciendo el tonto Jerrold Nadler (D-NY) el domingo en el programa *Face the Nation* cuando dijo que Hunter Biden no debería testificar porque no tiene conocimiento de la acusación? ¿O es Nadler lo suficientemente tonto como para olvidar que en un juicio el acusado tiene derecho a defenderse? La corrupción en el asunto Hunter B no es sólo obvia, está confesada. Todo el mundo parece haber olvidado que Estados Unidos tiene un tratado con Ucrania acerca de asistencia judicial mutua en asuntos penales firmado en Kiev el 22 de julio de 1998. ¿Cómo, exactamente, eso *no* aplica a la conversación del Sr. Trump con el Sr. Zelensky?

Bueno, todo esto tiende, naturalmente, a preguntas en torno a las elecciones de 2020…

Bernie Sanders parecía estar avanzando con fuerza en las últimas semanas, hasta que el Proyecto Veritas atrapó a algunos de sus directores de campaña amenazando con quemar Milwaukee si era privado de la nominación seguido de una insurrección nacional. ¿Fue un momento donde se mostraron sus verdaderos colores? Los votantes tienen derecho a preguntarse si Bernie está pilotando una barcaza de basura del bolchevismo de antaño, con todo y el reinado de terror requerido.

Justo hoy, *The New York Times* respaldó a Elizabeth Warren y a Amy Klobuchar para presidente. Probablemente pensaste lo que yo pensé al principio: una para presidente, y la otra para vicepresidente. En realidad, no, ambas fueron para presidente. ¿Cómo se supone que funcione? Bueno, es una artimaña, por supuesto, porque ambas están luchando por mantenerse a flote en las encuestas, y la pobre Warren ha sido grabada mintiendo sobre sí misma tantas veces que verías más esas grabaciones en la televisión que capítulos viejos de *Seinfeld* antes de noviembre próximo. *The New York Times* está esperando la resurrección de Hillary Clinton. ¿No es este el arreglo perfecto? ¡La vieja Hillary aterrizando en Milwaukee con sus alas de fuego como el temible Wendigo de la leyenda Potawatomi, y tragándose a todos los delegados! Sería muy parecido a los Whigs nominando al viejo caballo de guerra general Winfield Scott en las elecciones de 1852. Esa elección marcó la muerte del Partido Whig, y con

Hillary a la cabeza, 2020 sería el fin de los demócratas, como se les conocía.

La pregunta de testigos en el juicio de destitución también impacta al legendario "informante", ese Jacob Marley de la historia de Navidad de destitución, sacudiendo sus cadenas fuera del escenario y lamentando la injusticia cósmica contra los pobres ucranianos. No hay testimonio más pertinente para este enorme fiasco que ese agente de perfidia -y, por supuesto, el largo tren de personas con las que conspiró, incluyendo a Adam Schiff y a la banda Lawfare. Me encantaría verlo desenmascarado en la silla de testigos, derramando los frijoles acerca de las causas de todo este sórdido asunto. Pero podría ser mejor esperar y escuchar de él en las audiencias del comité judicial del senado que vendrán después de este circo del juicio de destitución, donde sus vilezas puedan recibir toda la atención que se merecen, seguido de acusaciones legales.

El gran sueño (24 de enero de 2020)

Aquellos que estaban desconcertados acerca de los motivos de Nancy Pelosi para traer este caso, y asignarlo a los dos personajes más sombríos a su cargo, Schiff y Nadler, finalmente deben estar convencidos de que ella ya no es de mente sana. ¿En qué estaba pensando? ¿Realmente quería provocar a los electores para que perdieran la fe en el proceso electoral básico deslegitimizándolo antes de las elecciones de 2020? (*"¡Trump sólo puede ganar si hace trampas!"*) ¿Está tan desesperada por ganar el senado para evitar más nombramientos judiciales? Podría ser. ¿O es el espectáculo del juicio de destitución un tipo diferente de arreglo: hacer que la próxima tanda de acusaciones contra los golpistas de RussiaGate parezca un mero acto de revancha en lugar de justicia retrasada durante mucho tiempo por una campaña de tres años de sedición y perfidia por algunos de los funcionarios con cargos más altos en el país?

De todos modos, después de otro día de este aburrido tormento, el senado podrá escuchar la defensa del Sr. Trump de una manera completa, realmente por primera vez desde que todo este desagradable asunto comenzó, y en un lugar visible donde ya no puede ser ignorado. Aunque eso sea todo, probablemente será más interesante y ciertamente más digno que el vodevil idiota presentado por Schiff y Nadler. Incluso si el equipo del presidente hacen una moción para desestimar el caso por su falta absoluta de méritos y por los errores legales en su construcción por dos comités de la cámara de representantes, dudo que pierdan la oportunidad de utilizar el tiempo asignado para esclarecer la historia de lo que verdaderamente sucedió los últimos tres años —una oleada de crímenes del gobierno contra sí mismo...

Mientras tanto, un interesante desarrollo voló bajo el radar mientras el espectáculo del juicio de destitución acaparaba todas las noticias: El departamento de justicia declaró ayer que dos de las cuatro órdenes judiciales de la FISA contra Carter Page no son válidas. Las órdenes fueron firmadas por James Comey, Andrew McCabe y Rod Rosenstein. Esto tiene profundas repercusiones en todo lo relacionado con la investigación de RussiaGate, incluyendo especialmente los procesos iniciados por los abogados de Robert Mueller.

Implica lo que ya ha sido demostrado por otras pruebas: que el FBI y el departamento de justicia sabían, a más tardar en enero de 2017, que toda la información que usaron para iniciar el caso contra el presidente era basura, y, sin embargo, continuaron de todos modos, incluyendo el nombramiento del Sr. Mueller y su equipo. La declaración del departamento de justicia acerca de las dos órdenes judiciales FISA no anula la posibilidad de que las otras dos también sean declaradas inválidas. Es hora de que todos los involucrados en todo esto estén verdaderamente asustados.

Cuentos de la tumba (31 de enero de 2020)

¡Qué fatal error el permitir que el representante Adam Schiff (D-CA) se convierta en la cara del Partido Demócrata! Estarían mejor con otro vástago de Hollywood: el fantasma de la ópera. Este sucio sedicioso ha llevado al partido a un desierto de engaños y villanía que los mancha a todos, y cuando este grotesco episodio de destitución haya terminado, se abrirá un nuevo capítulo de consecuencias que dejará al partido por muerto.

...Un universo de caos acecha detrás de la elegante fachada de Tinseltown del Sr. Schiff. El juicio de destitución que dirigió fue averiado desde el principio con violaciones de proceso y errores de lógica del preciso tipo que impulsa la histeria de su partido con sus agresiones a la libertad de expresión, su viciosa cultura de "cancelar", su temerario odio racial, sus depravadas horas de lectura transexual y su obsesión neurótica con los fantasmas rusos —una matriz de creencias que avergonzaría a un cónclave de nigromantes medievales.

Por supuesto, el juicio de destitución fue sólo la última salida en una campaña de tres años para confundir y ocultar las fechorías de una red de funcionarios del gobierno en los departamentos de estado y justicia, el FBI, la CIA y los restos de la Casa Blanca de Barack Obama, que están todos conectados y todos son sujetos a ser procesados...

El "informante" en el fiasco de la destitución era un agente de la CIA y protegido de John Brennan que había trabajado para Joe Biden tanto en los EE.UU. como en viajes a Ucrania cuando estaba detallado a la Casa Blanca de Obama. Hunter Biden era conocido por ser peligroso y corrupto años antes de que el Sr. Trump cabalgara por esa legendaria escalera dorada, y el "informante" estaba presente en las reuniones de la Casa Blanca con funcionarios ucranianos cuando las embarazosas preguntas acerca de Burisma y los Bidens salieron a colación. Su supuesto derecho al anonimato es un cuento de hadas y no está lejos el momento cuando tendrá que responder por sus hechos, ya sea en un comité del senado o en un gran jurado.

El inspector general de inteligencia que lo puso en el centro de atención, Michael Atkinson, fue el abogado en jefe de los mismos funcionarios del departamento de justicia que firmaron órdenes judiciales FISA falsas y que permitió la estafa deshonesta "Crossfire Hurricane" y su continuación por otros dos años como la investigación abogado especial de Mueller. Toda esta actividad involucró a la misma banda de altos funcionarios del FBI, abogados del departamento de justicia y los intrigantes de Lawfare. Obviamente ha sido un amplio intento de derrocar un presidente por cualquier medio, incluyendo colusión con otros gobiernos. En una sociedad verdaderamente justa, este anillo sería arrestado bajo RICO y cargos de conspiración, y, talvez, lo serán.

Puedes ver el siguiente capítulo tomando forma a través de la neblina de las últimas etapas del juicio de destitución. Tanto Nancy Pelosi como el líder de la minoría del senado "Chuck" Schumer han declarado que "la absolución no tiene importancia". Alguien debería informarles que el agujero que quieren seguir cavando es la tumba del Partido Demócrata. ¿No hay demócratas que se sienten nauseabundos por lo que ha pasado en su nombre, que entienden el daño que han causado sus propios líderes y que estén hartos de reinvertir en falsedades y perfidia?...

En cuanto a las elecciones de 2020, los demócratas haciendo todo lo posible para disputarlas y negarlas. De hecho, esa ha sido la agenda principal (y oculta) detrás de este lío de la destitución. Al menos intentarán litigarlo hasta llegar a un peligroso estado de irresolución. ¿No sería grandioso?

Sí, Virginia, hubo un intento de golpe de estado en los Estados Unidos, en múltiples etapas, y el juicio de destitución fue parte de él. ¿Quién lo hubiera pensado? Pero las personas honestas de la izquierda, la derecha y el centro, las personas que no están encerradas en las "noticias respetables" (es decir, las noticias falsas) lo han sabido desde hace algún tiempo. Hoy, al día siguiente de la absolución del presidente Trump en el juicio de destitución en el senado, después de haber visto su discurso de celebración en la Casa Blanca, creo que

es una buena apuesta que esos americanos que aún no son
conscientes de lo que sucedió tendrán un rudo despertar en
los próximos meses, antes de las elecciones de noviembre. Y,
en contra de la mentira que los medios anti-Trump estaban vend-
iendo inmediatamente después del discurso de hoy, no tendrá nada
que ver con la venganza y todo que ver con la justicia llevada
a cabo por las autoridades correspondientes. Compra acciones de
palomitas de maíz. Las de Redenbacher se van a ir al cielo.

JM

CONCLUSIÓN

El hombre con las virtudes que necesitamos

Preferiría que un niño aprendiera en la escuela más dura el coraje de golpear a un político, o ganara en la escuela más difícil el aprendizaje para refutarlo -en lugar de que aprenda en la escuela más iluminada la astucia para copiarlo.[96]

G. K. Chesterton

G. K. Chesterton podría haber estado describiendo a Donald Trump cuando escribió esas palabras. Donald Trump aprendió a golpear, a contragolpear como dice, en algunas de las arenas más duras: los bienes raíces, la construcción y el mundo político de la ciudad de Nueva York. En otras palabras, ha pasado por la escuela de golpes duros donde las tres se cruzan. También obtuvo, de nuevo en algunas de las escuelas más difíciles, —su preparatoria militar y la Wharton School of Business— la educación formal para poder ir al paso de sus asesores ya sea en lo militar, económico, o político, y ser capaz de dar y recibir. Tal vez más que cualquier político en la historia de Estados Unidos, Donald Trump tiene el valor para "golpear" a políticos que se lo merecen -y rara vez ha habido tantos realmente merecedores

---

[96] "Quotations of G. K. Chesterton", *The Apostolate of Common Sense*, https://www.chesterton.org/quotations-of-g-k-chesterton/.

de tal trato- o para debatir la política con ellos en el escenario nacional o en los callejones junto a los pasillos del poder.

Si has leído hasta aquí, esperamos que los capítulos anteriores —y los videos, si has visto alguno— te hayan convencido de que Donald Trump es el hombre por el que se debe votar en 2020.

Como católicos, debemos mirar a las enseñanzas auténticas de nuestra Iglesia para guiarnos e instruirnos, especialmente cuando surgen preguntas morales difíciles. La elección de 2020, sin embargo, no presenta una pregunta moral difícil. Ningún verdadero católico, en buena conciencia, debería poder votar por uno de los candidatos demócratas, todos los cuales apoyan prácticamente, si no absolutamente, el aborto ilimitado, la marginación de la libertad religiosa en el nombre de una visión equivocada de igualdad, y la locura del movimiento de derechos trans. Muchos, de hecho, apoyan un sistema político, el socialismo, o alguna variedad de él, que ha sido condenado explícitamente, sin cualificación, por múltiples papas. Ninguno de ellos ha demostrado tener la visión y valentía que Trump tiene para restablecer el marco internacional de comercio, un restablecimiento que permitirá a Estados Unidos dejar de sangrar empleos bien pagados causado por un sistema corrupto que enriquece a una pequeña «élite» internacional a expensas de la clase trabajadora americana.

Si Hillary Clinton hubiera ganado las elecciones de 2016, la vida católica en este país habría sido restringida. Felizmente, no ganó. Tristemente, parece que, en el futuro previsible, si algún demócrata alcanza el cargo   político más alto del país, dado como su partido está actualmente constituido, la vida y la libertad católicas se restringirán en nombre de la diversidad y un tipo retorcido de "tolerancia". Las diferencias entre los candidatos demócratas en ese sentido sólo afectarán que tan rápido o despacio ocurre esto, no si efectivamente ocurre. En resumen, no nos dejarán ser católicos; no quieren permitir que las escuelas católicas sean católicas, que las monjas católicas sean católicas, las agencias de adopción católicas sean católicas. A nivel individual, algunos lo permitirían, pero los poderes detrás de los demócratas y la corriente cultural que ellos apoyan son hostiles a la fe y a que la practiquemos. Pregúntale al Padre Pavone o a las Hermanitas de los Pobres. Donald Trump, por el contrario, es un aliado. Corey Lewandowski y David Bossie escribieron un libro llamado *Letting Trump Be Trump*. Trump permitirá que los católicos sean católicos. Comparado con los candidatos demócratas, sus plataformas y las políticas que desean, eso cuenta mucho.

¿Pero qué hay del hombre mismo? Algunos católicos te dirán que votan por el hombre a pesar de su carácter. Están equivocados. Deberías votar por él precisamente *por* su carácter, porque sólo un hombre con su carácter, con todo y verrugas, podría haber peleado con el *establecimiento* corrupto y haber ganado. Donald Trump es un líder de hombres, pero más que eso, es un hombre virtuoso, imperfecto también, pero ¿no lo somos todos (cf. Rm 3, 23)?

Las siete virtudes de las que más hablamos los católicos se pueden dividir en dos grupos: las virtudes cardinales de la prudencia, la justicia, la templanza y la fortaleza y las virtudes teologales de fe, esperanza y amor.

Nos gustaría concluir observando al hombre a la luz de

las virtudes cardinales. Sería una locura tratar de hacerlo en todas las áreas de su vida. Parafraseando al papa Francisco, "¿Quiénes somos para a juzgar?" Más bien, lo haremos con respecto a su papel de candidato y presidente.

Prudencia

"La prudencia dispone a la razón práctica para discernir, en todas las circunstancias, nuestro verdadero bien y elegir el medio correcto para lograrlo"[97]

Donald Trump es un hombre prudente. Se dio cuenta del momento adecuado para una candidatura a la presidencia. Desafiando a los expertos y la pseudo sabiduría de DC, consiguió el triunfo político más inesperado en la historia moderna. Parece tener instintos notables, si no en todas, ciertamente en la mayoría de las circunstancias. Sabe que nuestro verdadero bien es traer de vuelta la manufactura y que las mentiras de los neoliberales globalistas "libre comerciantes" eran sólo eso: mentiras (bueno, mentiras para algunos, errores de juicio para otros) diseñadas para enriquecer a unas élites globales a expensas de la clase media y baja en este país. En política exterior, sabe quién es nuestro enemigo número uno, y no es Rusia. Es el terrorismo islámico radical, y ha forjado coaliciones notables en el medio oriente con el objetivo de destruirlo, desde la raíz, después de que sus predecesores fomentaran su crecimiento y expansión. En su batalla contra el *pantano*, el *estado profundo* y la Resistencia, ha dejado que las cosas se desarrollen lentamente, demasiado

---

[97]   CCC 1835.

lentamente para muchos, y sin duda está haciendo concesiones a lo largo del camino, pero cada vez más parece que su enfoque ha sido el correcto. Brian Cates escribe sobre esto a menudo. Muchos de los partidarios más fervientes de Trump parecen creer que él es incompetente en sus contrataciones y que si sólo él los hubiera escuchado y explotado el *estado profundo* desde el primer día de su presidencia, todo estaría bien. Pero no lo hizo. Lo más probable es que si lo hubiera hecho, habría causado trastornos y agitación. Como su Fiscal General William Barr bromeó en una entrevista, "Estas cosas toman tiempo". Trump no es perfecto, y nadie está de acuerdo con el juicio prudencial de nadie el 100 por ciento de las veces, pero Donald Trump es un hombre prudente. Y donde pueda ser visto como imprudente, tomaremos su récord único de valor cualquier día de la semana: un ejemplo es el ser el primer presidente en dirigirse a la Marcha por la Vida "en vivo", primero remotamente y luego, este año, en persona. Estamos seguros de que algunos de sus asesores le dijeron que no lo hiciera, que sería "imprudente". Nos gusta de Trump el valor de sus convicciones.

Justicia

"La justicia consiste en la voluntad firme y constante de dar a Dios y al prójimo lo que les corresponde."[98]

"Porque estarías en la cárcel." Esa frase es quizás el ejemplo más destacado de su compromiso con la justicia y la que será más recordada. Pero hay muchos otros ejemplos, incluyendo

---

[98]   CCC 1836.

su liberación de numerosos presos que han estado en la cárcel durante demasiado tiempo y han sido rehabilitados o fueron encarcelados injustamente en primer lugar, su deseo en devolver un nivel de vida decente a la clase trabajadora americana, su deseo por acuerdos comerciales que sean verdaderamente justos y libres, su ampliación de espacios para entidades religiosas, familias e individuos para llevar a cabo su misión y vivir sus vidas sin obstáculos por una visión rabiosamente secularista de la sociedad y de la constitución los Estados Unidos (que por cierto no está en consonancia con esa constitución).

Aunque es difícil fijar con cualquier nivel de certidumbre el compromiso religioso personal de Donald Trump, uno sólo puede suponer que haber pasado por lo que ha pasado desde que anunció su campaña y a lo largo de su presidencia, ha tenido que confiar en Dios tal vez más que nunca en su vida. El hecho de que no lleve su religión en la manga no es algo que tenemos contra él. Al mismo tiempo, su discurso en la Marcha por la Vida pareció, como todos los discursos de Trump, auténtico y sincero. Y habló sin reserva y muy cómodamente acerca de Dios, la dignidad de la vida humana y del alma. Considera: "Todos los que estamos hoy aquí entendemos una verdad importante: Todo niño es un don precioso y sagrado de Dios. Juntos debemos proteger, apreciar y defender la dignidad y la santidad de toda vida humana. Cuando vemos la imagen de un bebé en el vientre, vislumbramos la majestad de la creación de Dios. Cuando tenemos a un recién nacido en nuestros brazos, sabemos el amor sin fin que cada niño trae a una familia. Cuando vemos crecer a un niño, vemos el esplendor que irradia cada alma humana".[99]

Suena como uno de nosotros, ¿no?

Templanza

"La templanza modera los atractivos de los placeres de los sentidos y proporciona equilibrio en el uso de los bienes creados."[100]

Bueno, esto puede parecer un poco más difícil de justificar dado el carácter descarado de Trump y los alardes con respecto a su riqueza personal, pero ¿es esto verdad? Se mencionó que Trump era un hombre viviendo como un típico neoyorquino en años pasados, pero uno que era moderado, de hecho, abstemio con respecto al alcohol y las drogas. Nunca se ha dado a ellas. Dicho esto, ciertamente es desmedido en sus críticas a sus enemigos, y no decimos enemigos políticos, porque el sustantivo no necesita modificador. Esta es una guerra que estamos presenciando entre Donald Trump y el *establecimiento* -algunos de sus miembros se juegan su propia libertad-, y el riesgo es alto. Sí, Trump es desmedido en sus ataques contra ellos, pero tiene todo el derecho a estar enojado. Es desmedido contra ellos porque ama tanto a Estados Unidos y a los americanos, y sin duda ellos han cometido crímenes graves. Por lo tanto, vamos a ver qué sucede y si

---

[99]   Donald Trump, "Remarks by President Trump at the 47th Annual March for Life", The White House, 24 de enero de 2020, https://www.whitehouse.gov/briefings-statements/remarks-president-trump-47th-annual-march-life/.

[100] CCC 1838.

el presidente Trump se equivocó al ser desmedido. Algo nos dice que se revelará que, de hecho, el ejerció una buena dosis de moderación contra sus enemigos una vez que la historia completa de su violación de las leyes de estos Estados Unidos sea contada y cómo, en su búsqueda de prevenir su victoria en 2016 y luego echarlo de su cargo una vez que fue inaugurado, lo hicieron. Por nuestra parte, esperamos con ansias saber más del Sr. Durham.

Fortaleza

"La fortaleza garantiza la firmeza en las dificultades y la constancia en la búsqueda del bien."[101]

Si hay una virtud que parece poseer en abundancia, sería ésta. Donald Trump es un hombre con fortaleza. ¿Quién más podría haber resistido todos los ataques y mentiras que los medios de comunicación, los demócratas y los nunca-Trump republicanos han dirigido en su contra desde antes de su elección? ¿Quién más, una vez en el cargo, podría haber resistido y mantenido el rumbo ante las fugas criminales y traiciones generalizadas de los remanentes del *estado profundo* en su propia administración? Sin duda, el presidente Trump y su familia deben ser blanco de amenazas aún peores, de cuyos detalles tal vez nunca sepamos. En un sentido muy literal, Donald John Trump le ha dado al país una lección objetiva de lo que significa ser un hombre con fortaleza. Como católicos, podemos esperar que nuestros obispos estén observando y que los buenos aprenderán de él en este sentido.

Por cierto, la Iglesia en este país tiene un ejemplo destacado

---

de un obispo que luchó por su rebaño de una manera tal vez no muy diferente de que el cuadragésimo quinto presidente lucha por su pueblo. Como neoyorquino, es de esperar que al presidente Trump le guste la historia del arzobispo John "Dagger" Hughes.

"Dagger" y "el Donald"

En un artículo atribuido a una hermana Elizabeth Ann, SJW, se relata el incidente más famoso del notable episcopado del arzobispo John "Dagger" Hughes en Nueva York. La hermana escribe:

> La tercera y más peligrosa batalla de Hughes ocurrió en 1844, cuando manifestantes anticatólicos en Filadelfia planearon venir a Nueva York. Durante los disturbios en Filadelfia, dos iglesias católicas habían sido incendiadas y doce personas habían muerto. En respuesta a esta amenaza, Hughes puso guardias armados alrededor de las iglesias católicas. Entonces Hughes le advirtió al alcalde que "si una sola iglesia católica fuera quemada en Nueva York, la ciudad se convertiría en un segundo Moscú". (La ciudad de Moscú fue quemada por sus propios ciudadanos para evitar que Napoleón usara la ciudad como cuarteles de invierno para su ejército.) Nunca se sabrá si Hughes realmente hablaba en serio o no. Su amenaza fue tomada lo suficientemente en serio como para que los líderes de la ciudad obligaran a los manifestantes a cancelar su manifestación. Después de estas batallas Hughes se convirtió en "el

obispo católico más conocido, si no exactamente el más querido del país".[102]

Al parecer, hay dudas acerca de si el incidente detallado anteriormente es apócrifo; esperamos y creemos que no. Ciertamente suena posible dado lo que sabemos del arzobispo Hughes. Si no es verdad, debería serlo. Hay también varias versiones de la historia en cuanto a si verdaderamente usó la amenaza acerca de Moscú u otras palabras con un efecto similar. No importa mucho; el punto es claro. En otro artículo, una reseña de una biografía del arzobispo que apareció en la revista *América,* el reverendo Anthony Andreassi concluye con el siguiente pasaje.

Hughes tenía el apodo "Dagger" colocado en su nombre en su propio día (y desde entonces) debido a su personalidad ardiente, que ardía a veces ante gente tanto dentro de la iglesia como fuera. En los últimos años, algunos lo han criticado por sus bravatas y sus tácticas de luchador de calle...Sin embargo, en 1966 John Tracy Ellis ofreció una evaluación más matizada (y posiblemente más exacta) de Hughes y su estilo de liderazgo. El exdecano de la historia católica de EE.UU. señaló que el protestantismo americano del siglo XIX no era tan abierto y conciliador como lo ha sido durante el último medio siglo. Por esta razón, según Ellis, "hubo momentos en los que la agresividad

---

[102]   Hermana Elizabeth Ann, "'Dagger John' (1797-1864)", Catholic Heritage Curricula, consultado el 27 de febrero de 2020, https:// www.chcweb. com/catalog/files/daggerjohn.pdf.

de [Hughes] era el único enfoque que serviría para el fin que buscaba, es decir, justicia para su pueblo".[103]

La evaluación "más matizada (y posiblemente más exacta) de Hughes y su estilo de liderazgo" por Ellis, a la que alude el P. Andreassi, también podría aplicarse al presidente Trump y su estilo/tácticas/alardeo —llámalo como quieras— que tiene ofendido a tantos, incluyendo a muchos de nuestros líderes católicos, tanto clérigos como laicos. Donald Trump nos defiende de una manera que muy pocos de nuestros líderes lo hacen; Donald Trump lucha por nosotros, a un gran costo personal, de una manera que muy pocos de nuestros líderes lo hacen; Donald Trump ha ofrecido su vida de riqueza por nosotros de una manera que ciertamente ningún político lo ha hecho -ya que la mayoría de ellos se vuelven ricos durante y después de su carrera política en lugar de antes, como lo hizo Trump.

Sí, Donald Trump ha ido a la guerra por nosotros. "Hubo momentos en que la misma agresividad de [Hughes] era el único enfoque que serviría para el fin que buscaba, es decir, justicia para su pueblo". Tal vez en los últimos cincuenta años, la Iglesia Católica en los Estados Unidos hubiera tenido algunos hombres con la fortaleza, el coraje, la sed de justicia y, sí, tal vez incluso esas cualidades que muchos consideran defectos de un Dagger Hughes, o, nos atrevemos a decirlo, un Donald Trump, el país y nuestro Iglesia estarían

---

[103]   Anthony D. Andreassi, "An archbishop nickname 'Dagger John,'" *America*, 15 de marzo de 2018, https://www.americamagazine.org/arts-culture/2018/03/15/archbishop-nicknamed-dagger-John.

en un lugar muy diferente hoy en día. Es nuestra pérdida
que no los tuvimos.

Fe, Esperanza y Amor

Dejaremos esta mirada a las virtudes de Donald Trump en
las cuatro virtudes cardinales; las tres virtudes teologales
parecen ser de alguna manera más personales. Pero haremos
nota de que el presidente ha luchado la buena lucha por el
pueblo que lo eligió. Cuando todo esté dicho y hecho, el
presidente Trump, si tiene éxito en su lucha contra el *establecimiento* corrupto, habrá hecho mucho para restaurar la
fe del ciudadano promedio en su gobierno; él ya ha hecho
mucho para infundir esperanza en millones de personas en
todo el país que no tenían ninguna, la esperanza para el
futuro y el futuro de sus hijos, y ha amado a su pueblo, que a
su vez lo han amado en respuesta. Mirando desde lejos, nos
parece que se esfuerza por amar a Dios y esperar en él y ama-
rlo en su manera imperfecta. Pero lo que es más importante
en su papel de presidente, luchará hasta la muerte para per-
mitirnos a los católicos a vivir nuestras vidas de fe, esperanza
y amor en una sociedad libre.

Que Dios bendiga a Donald John Trump.

EPÍLOGO

La versión en inglés de este libro se publicó 17 de marzo de 2020, que, como todo el mundo sabe, es el día de San Patricio. Es difícil pensar en un día más apropiado para su publicación que el día de fiesta de ese hombre santo que expulsó a las serpientes de Irlanda. Porque Donald Trump está expulsando a las serpientes de Washington, DC.

Es un reto mantenerse al día con el ciclo de noticias, especialmente para una editorial de libros en esta era de blogs, tuits y noticias las veinticuatro horas, especialmente durante esta administración cuando los logros del presidente Trump parecen suceder de forma tan rápida, y especialmente durante la temporada de campaña cuando las elecciones primarias demócratas han cambiado dramáticamente en la última semana.

¡Qué sorpresa que Joe Biden esté emergiendo como la elección del partido del burro! Aparentemente, los poderosos saben que el socialismo es mejor implementarlo más lentamente de lo que Bernie y sus hermanos quisieran. Una vez más, no nos gustaría tener un departamento de tres habitaciones en el centro de Milwaukee este verano.

Pero con todo y el ruido acerca de la diversidad y la inclusión parece que los demócratas, en noviembre, presentarán a uno de los dos viejos hombres blancos, "no es que haya algo malo con eso". Es sólo que parece violar sus gritados principios un poco. Si esto es lo mejor que los demócratas pueden hacer para desafiar Donald Trump, uno teme por el futuro del partido, si tu tienes algún afecto por ellos. Uno sospecha que siempre han sabido que no tienen ninguna oportunidad contra el presidente en las urnas y por lo tanto tendrán que vencerlo por otros medios. Parece que la última estrategia es poner el coronavirus a sus pies. Eso es increíble e injusto, pero par de curso para las noticias falsas. Después de haber visto la fiebre aviar, la fiebre porcina y otras pandemias potenciales, nos preguntamos si el miedo está un poco exagerado, pero el tiempo lo dirá.

De cualquier manera, estamos seguros de que no querríamos a nadie más que a Donald John Trump en la Casa Blanca durante un momento tan difícil. Porque no es sólo a través de sus éxitos que se mide el temple de un hombre o el mérito de un presidente. No, muy a menudo se puede tomar la medida de un hombre con mucha más precisión observándolo durante las pruebas y vicisitudes de la vida.

En cualquiera de las dos métricas, juzgar por sus éxitos o por cómo negocia adversidades, Donald Trump es un hombre y un presidente que debe ser admirado. Antes y a lo largo de su presidencia, sus oponentes no se han detenido ante nada en sus esfuerzos por destruirlo, pero él continúa hacia adelante, haciendo grandes cosas por el país, con su buen humor intacto. Si lo dudas, te remitimos de nuevo al Apéndice 2.

Su manejo de los acontecimientos durante los diversos desastres climáticos sucedidos durante su primer mandato ha sido un caso de estudio en el liderazgo público. Los medios de comunicación tal vez no reconozcan este hecho, pero los afectados por las tragedias que él y Melania han visitado conocen la verdad, al igual que el resto del país.

Donald Trump ha resistido tormentas de todo tipo, lo que nos recuerda a una foto de 2017[104] con un número de miembros del ejército y sus cónyuges. Ahí, les preguntó a los medios de comunicación: "¿Saben ustedes lo que esto representa? ...Podría ser la calma antes de la tormenta.

Cuando se le preguntaron a qué se refería con eso, dijo crípticamente: "Ya lo descubrirán".

Ha habido mucha especulación en ciertos rincones de Internet acerca de qué tormenta se refería el presidente. Dada la presencia de los militares, ¿se refería a las ofensivas contra EIIL o se refería a otra cosa, tal vez el drenaje del *pantano*?

Como se ha insinuado y declarado en otras partes de este libro, creemos que la administración Obama/Biden/Clinton fue una de las administraciones más, si no la más, corruptas de la historia de Estados Unidos. Es por eso por lo que, para aquellos que se pregunten, incluimos los detalles del escándalo del correo electrónico Clinton; tanto para demostrar la corrupción que Trump tuvo que erradicar, así como para resaltar la importancia de que él gane un segundo mandato. Ese trabajo no está terminado; en muchos sentidos aún no ha comenzado. Confiamos en que entre ahora y las elecciones, el pueblo americano aprenderá mucho más sobre lo corrupto que se había vuelto nuestro gobierno.

---

[104] "Donald Trump advierte que es 'la calma antes de la tormenta'", *The Telegraph*, video, 0:38, 6 de octubre de 2017, https://www. youtube.com/watch?v-HH0AvaG3SqQ.

Nuestra confianza en que esto sucederá ha sido impulsada por un reciente tuit por el asistente presidencial y director de redes sociales en la Casa Blanca, Dan Scavino, y su posterior retuit por el presidente Trump. El 8 de marzo, Scavino tuiteó lo siguiente con una imagen del presidente Trump tocando el violín: "Mi próxima pieza se llama…Nada puede detener lo que viene".

Más tarde ese mismo día, el presidente lo retuiteó y escribió: "¿Quién sabe lo que esto significa? ¡Pero me suena bien!"

A nosotros también nos suena bien, señor presidente, y tenemos la confianza de que usted, al menos, sabe exactamente lo que significa.

Una vez más, que Dios bendiga a Donald John Trump.

San Patricio, reza por nosotros.

APÉNDICE 1

Lista parcial de logros pro-vida en el primer mandato del presidente Trump

(Sacerdotes por la Vida sigue actualizando esta lista de los logros pro-vida del presidente Trump en ProLifePresident.com)

1. En primer lugar, el presidente Trump hizo al movimiento pro-vida su mayor servicio al mantener a Hillary Clinton fuera de la Casa Blanca. Si hubiera sido elegida, el extremismo del aborto en Estados Unidos habría llegado a un tono de fiebre diferente a cualquier cosa que hayamos visto antes.

2. El presidente Trump cumplió su promesa de campaña de nombrar sólo a jueces pro-vida a la suprema corte cuando nombró al juez Neil Gorsuch y al juez Brett Kavanaugh. Además, ha colocado a otros 191 jueces conservadores en los tribunales de circuito y distrito, trayendo cambios significativos incluso al liberal noveno circuito.

3. El presidente Trump ha privado a la industria del aborto de miles de millones de dólares. Firmó una legislación para permitir a los estados a no financiar a Planned Parenthood bajo el Título X de la planificación familiar. También emitió una orden ejecutiva para dar a los estados la opción de retener Medicaid y otros fondos federales a las organizaciones que realizan abortos, incluyendo Planned Parenthood.

4. El presidente Trump implementó la Regla de Protección de Vida, una regla del departamento de salud y servicios humanos para reducir la financiación de los contribuyentes bajo el programa Título X para cualquier instalación que realice abortos o remita clientes a ellos, como Planned Parenthood.

5. El presidente Trump reafirmó y amplió la "Política de la Ciudad de México". Su nueva política garantiza que nuestros dólares de impuestos estén protegidos de la financiación de la industria del aborto en el extranjero a través de TODOS los gastos de salud globales, no solo de los dólares de planificación familiar. La política de la Ciudad de México de la era Bush protegió aproximadamente $500 millones en gastos; la nueva política de Trump protege más de $8,800 millones en ayudas en el extranjero de financiar el aborto. También dejó de financiar el Fondo de Población de las Naciones Unidas (UNFPA)a favor del aborto.

6. El departamento de salud y servicios humanos de la administración Trump emitió una regla que exige que las aseguradoras especifiquen a sus clientes si el plan que están comprando cubre el aborto. La administración también solicitó información acerca de cómo hacer cumplir mejor las disposiciones limitadas sobre el aborto contenidas en Obamacare.

7. El presidente creó una nueva oficina en el gobierno federal para la conciencia y la libertad religiosa para que las personas que, por ejemplo, se ven obligadas a participar en el aborto puedan reivindicar sus derechos se de manera más eficaz.

8. El presidente Trump ha puesto fin al ataque de Obama

a la libertad religiosa de aquellos empleadores que no quieren cubrir los farmacéuticos que inducen el aborto en los planes de seguro médico que ofrecen a sus empleados.

9. El presidente continúa haciendo numerosos nombramientos, en toda la administración federal, de fuertes promotores del movimiento pro-vida, comenzando con el vicepresidente, Mike Pence. La mayoría de los muchos otros que ha nombrado no hacen titulares, pero están haciendo e implementando políticas y prácticas que avanzan la agenda pro-vida. Por ejemplo, en el Departamento de Salud y Servicios Humanos, el memorándum estratégico deja claro que los "seres humanos" incluyen bebés en el útero.

10. El presidente ha presionado mucho para que el senado apruebe adicionales leyes pro-vida, como la Ley de Protección del Niño No Nacido con Capacidad para el Dolor, así como la eliminación completa de los fondos de Planned Parenthood. Ha prometido firmar ambas leyes.

APÉNDICE 2

Lista general de logros en el primer mandato[105] de Trump

- Los trabajadores con salarios bajos se están beneficiando de salarios mínimos más altos y corporaciones que están aumentando el salario de nivel de entrada.
- Trump firmó el mayor proyecto de ley de protección y conservación de la naturaleza en una década y designó 375,000 acres como tierra protegida.
- Trump firmó la Ley Salvemos nuestros Mares que fondea $10 millones al año para limpiar toneladas de plástico y basura del océano.
- Trump firmó una orden ejecutiva este año que obliga a todos los proveedores de atención médica a revelar el costo de sus servicios para que los americanos puedan comparar precios y saber cuánto menos cobran los proveedores a las compañías de seguros. Al firmar ese proyecto de ley, dijo que ningún americano debería ser abrumados por las facturas de los servicios médicos que nunca acordaron por adelantado. Los hospitales ahora tendrán que publicar sus

---

[105] Robby Starbuck, "Lista de logros de Trump en los años: 2017, 2018 y 2019",https://www.docdroid.net/KDaSuMo/trumpac-complishments.pdf. Starbuck tuitea como @robbystarbuck.

precios estándar por los servicios, que incluyen cargos brutos, las tarifas negociadas con las aseguradoras y el precio con descuento que un hospital está dispuesto a aceptar de un paciente.

- Firmó un proyecto de ley este año que permite algunas importaciones de medicamentos de Canadá para que los precios de las medicinas bajaran. En los ocho años anteriores a la toma de posesión del presidente Trump, los precios de los medicamentos recetados aumentaron en un promedio de 3.6 por ciento por año. El día de hoy los precios de los medicamentos recetados han visto descensos anualizados en nueve de los últimos diez meses, con una caída del 1.1% al mes más reciente. En junio de 2019, los Estados Unidos vieron la mayor caída interanual (2.0 por ciento de caída interanual) en los precios de los medicamentos recetados desde 1967.

- Creó una línea directa de VA a la Casa Blanca para ayudar a los veteranos y contrató principalmente a veteranos y sus familiares directos para trabajar en ella. Los empleados del VA están siendo responsables si hay malos resultados, con más de 4,000 empleados del VA despedidos, degradados y suspendidos hasta ahora.

- Emitió una orden ejecutiva que requiere que los secretarios de defensa, seguridad nacional y asuntos de veteranos presenten un plan conjunto para proporcionar a los veteranos acceso a tratamientos de salud mental a medida que pasan a la vida civil.

- Debido a un proyecto de ley firmado y defendido

por Trump, en 2020, la mayoría de los empleados federales verán un aumento salarial promedio de 3.1 por ciento, el mayor aumento en más de 10 años.

- Trump firmó una ley de hasta 12 semanas de licencia parental pagada para millones de trabajadores federales. La administración Trump proporcionará medicamentos para la prevención del VIH de forma gratuita a 200,000 pacientes no asegurados al año durante 11 años.

- Ventas récord de todos los tiempos durante las navidades de 2019.

- Trump firmó una orden que permite a las pequeñas empresas agruparse al comprar un seguro para que puedan obtenerlo a un mejor precio.

- El presidente Trump firmó la Ley de Prevención de Muertes Maternas que fue escrita por un legislador republicano y que proporciona fondos para que los estados desarrollen comités de revisión de la mortalidad materna para entender mejor las complicaciones maternas e identificar soluciones y se centra en gran medida en reducir las más altas tasas de mortalidad entre los negros americanos.

- En 2018, el presidente Trump firmó la Ley del Primer Paso, un proyecto de ley de justicia penal que promulgó reformas que hacen que nuestro sistema de justicia sea más justo y ayude a los exreclusos a regresar con éxito a la sociedad. Las reformas de la Ley del Primer Paso abordaron las desigualdades en las leyes de sentencia que perjudican desproporcionadamente a los negros americanos y reformaron las sentencias mínimas obligatorias que crean resultados injustos. Más del 90 por ciento de los que se benefician de las reducciones retroactivas de las sentencias en la Ley del Primer Paso son negros americanos. La Ley del Primer Paso amplió la discrecionalidad judicial en la condena de delitos no violentos. La Ley del Primer Paso proporciona programas de rehabilitación a los reclusos, ayudándoles a reincorporarse con éxito a la sociedad y a no volver a la delincuencia.

- Trump aumentó la financiación para Universidades y Colegios Históricamente Negros (UCHN) por más de 14 por ciento.
- Trump firmó una legislación que perdona la deuda del huracán Katrina que amenazaba a las UCHN. Hizo de las UCHN una prioridad al crear el puesto de director ejecutivo de la Iniciativa de la Casa Blanca sobre las UCHN.
- Trump recibió el premio bipartidista de justicia en una universidad históricamente negra por sus logros de reforma de la justicia penal.
- Las ventas de nuevas viviendas unifamiliares han aumentado en un 31.6 por ciento en octubre de 2019, en comparación con hace solo un año.
- La tasa de pobreza bajo la administración Trump cayó a 11.8 por ciento, el nivel mínimo en 17 años, de como resultado de un ambiente rico en empleos.
- Las tasas de pobreza para los afroamericanos y los hispanoamericanos han alcanzado sus niveles más bajos desde que Estados Unidos comenzó a recopilar estos datos.

- El presidente Trump firmó un proyecto de ley que crea cinco monumentos nacionales, expande varios parques nacionales, agrega 1.3 millones de acres de áreas naturales y reautoriza de forma permanente al Fondo de Conservación de Tierra y Agua.

- El USDA de Trump comprometió más de $124 millones para ayudar a reconstruir la infraestructura de agua rural.

- La confianza del consumidor y la confianza de las pequeñas empresas están en un máximo histórico.

- Más de 7 millones de puestos de trabajo fueron creados desde la elección. Más americanos están ahora empleados que nunca en nuestra historia. Más de 400,000 empleos manufactureros fueron creados desde su elección.

- Trump nombró a 5 embajadores abiertamente gay.

- Trump ordenó a su embajador abiertamente gay en Alemania, Ric Grenell, para liderar una iniciativa global para despenalizar la homosexualidad en todo el mundo.[106]

- A través de la iniciativa del Equipo de Coordinación contra la Trata de Personas (ACTeam, por sus siglas en inglés), las fuerzas del orden federales duplicaron las condenas de los traficantes de personas y aumentaron el número de acusados en un 75 por ciento en los distritos de ACTeam.

- En 2018, el Departamento de Justicia desmanteló

---

[106] Ve nuestra discusión acerca de este tema desde una perspectiva católica en la Introducción.

una organización que era la principal fuente de anuncios relacionados con la prostitución en Internet y que resultaba en el tráfico sexual.

- La Oficina de Gestión y Presupuesto publicó nuevas orientaciones antitráfico para que los funcionarios gubernamentales combatan con mayor eficacia el tráfico de personas. Los agentes de la ley de los Estados Unidos están colaborando con funcionarios policiales mexicanos para desmantelar las redes de traficantes de personas que operan a través de la frontera entre Estados Unidos y México.

- El Departamento de Salud y Servicios Humanos de Trump proporcionó fondos para apoyar la Línea Nacional de Tráfico de Personas para identificar a los perpetradores y dar a las víctimas la ayuda que necesitan. Esa línea directa identificó 16,862 posibles casos de tráfico de personas y proveyó 14,419 referencias a servicios entre octubre de 2017 y marzo de 2019. El Departamento de Justicia de Trump proporcionó subvenciones a organizaciones que apoyan a las víctimas del tráfico de personas, sirviendo a casi 9,000 casos desde el 1 de julio de 2017 hasta el 30 de junio de 2018. El Departamento de Seguridad Del Hogar ha contratado a más especialistas de asistencia a las víctimas, ayudando a garantizar que las víctimas tengan los recursos y el apoyo adecuados.

- El presidente Trump ha pedido al congreso que apruebe la legislación acerca de opciones escolares para que ningún niño quede atrapado en una escuela que falla debido a su código postal. El presidente firmó una legislación de financiamiento en septiembre de 2018 que aumentó la financiación para la elección de escuela por $42 millones. Los recortes de impuestos firmados por el presidente Trump promueven la elección escolar al permitir que las familias usen planes 529 de ahorro universitario para la educación primaria y secundaria.

- Bajo su liderazgo, EIIL ha perdido la mayor parte de su territorio y ha sido en gran parte desmantelado. El líder de EIIL, Abu Bakr Al-Baghdadi fue asesinado.
- Firmó la primera reautorización de Perkins CTE desde 2006, autorizando más de $1,000 millones para los estados cada año para financiar programas de educación vocacional y profesional.
- Firmó una orden ejecutiva ampliando las oportunidades de aprendizaje para estudiantes y trabajadores.
- El presidente Trump emitió una orden ejecutiva que prohíbe al gobierno de los Estados Unidos a discriminar en contra de los cristianos o castigar las expresiones de fe.
- Firmó una orden ejecutiva que permite que el gobierno retenga dinero de los campus universitarios se consideren antisemitas y que no hagan lo suficiente para combatir el antisemitismo.
- El presidente Trump ha ordenado un alto a todos los dineros de contribuyentes de Estados Unidos que vaya a organizaciones internacionales que financian o realizan abortos.
- Trump impuso sanciones a los socialistas en Venezuela que han matado a sus ciudadanos.

- Finalizó un nuevo acuerdo comercial con Corea del Sur.
- Hizo un acuerdo con la Unión Europea para aumentar exportaciones de energía de EE.UU. a Europa.
- Retiró a los EE.UU. del tratado matador de empleos TPP.
- Se lograron 250,000 millones de dólares en nuevos acuerdos comerciales y de inversión en China y 12,000 millones de dólares en Vietnam.
- Autorizó hasta $12 mil millones en ayuda para los agricultores afectados por represalias comerciales injustas.
- Ha liberado a más de una docena de rehenes americanos, incluidos los que Obama no pudo liberar.
- Trump firmó la Ley de Modernización Musical, el mayor cambio en la ley de derechos de autor en décadas.
- Trump aseguró miles de millones que financiarán la construcción de un muro en nuestra frontera sur.
- La administración Trump está promoviendo la segunda oportunidad de contratar para dar a los exreclusos la oportunidad de vivir vidas libres de crimen y encontrar un empleo significativo.
- El Departamento de Educación está ampliando una iniciativa que permite a las personas en prisión recibir becas Pell para prepararse mejor para la fuerza de trabajo.
- El Departamento de Justicia y la Oficina de Prisiones lanzaron una nueva "Iniciativa Listo para Trabajar"

para ayudar a conectar a los empleadores directamente con los expresos.

- La histórica legislación del presidente Trump sobre la reducción de impuestos incluyó nuevos incentivos en las zonas de oportunidades para favorecer la inversión en comunidades de bajos ingresos en todo el país. 8,764 comunidades en todo el país han sido designadas como Zonas de Oportunidad. Se espera que las zonas de oportunidad espoleen 100,000 millones de dólares en inversiones de capital privado a largo plazo en comunidades en dificultades económicas en todo el país.
- Trump ordenó al Secretario de Educación que ponga fin a Common Core.
- Trump firmó el Fondo de Compensación de Víctimas del 11 de septiembre.
- Trump firmó programas de medidas para la prevención del suicidio de veteranos.
- Las empresas han traído de vuelta más de un billón de dólares del extranjero debido al proyecto de ley TCJA que Trump firmó.
- Los puestos de trabajo de manufactura crecen al ritmo más rápido en más de 30 años.
- El mercado de valores ha alcanzado máximos históricos.
- La mediana de los ingresos familiares ha alcanzado el nivel más alto jamás registrado.
- El desempleo afroamericano está en un mínimo histórico.

- El desempleo hispanoamericano está en un mínimo histórico.
- El desempleo asiático americano está en un mínimo histórico.
- La tasa de desempleo de las mujeres está en un mínimo de 65 años.
- El desempleo juvenil está en un mínimo de 50 años.
- Tenemos la tasa de desempleo más baja jamás registrada.
- El Compromiso con los Trabajadores de los Estados Unidos ha dado lugar a que los empleadores se comprometan a capacitar a más de 4 millones de americanos.
- El 95 por ciento de los fabricantes americanos son optimistas sobre el futuro, el más alto de la historia.
- Como resultado del proyecto de ley de impuestos republicano, las pequeñas empresas tendrán la tasa impositiva marginal más baja en más de 80 años.
- Número récord de regulaciones eliminadas que perjudican a las pequeñas empresas.
- Una reforma de asistencia social firmada que requiere que adultos capaces que no tienen hijos a que trabajen o busquen trabajo si están en asistencia social.
- Bajo Trump, la FDA aprobó más medicamentos genéricos asequibles que nunca en la historia.
- Reformó el programa Medicare para evitar que los hospitales sobrecarguen a las personas de la tercera edad de bajos ingresos con sus medicamentos, salvando a los ancianos cientos de millones de dólares solo este año.

- Legislación firmada de "Derecho a Probar" que permite a los pacientes con enfermedades terminales probar cualquier tratamiento experimental que no estaba permitido antes.

- Se han asegurado 6,000 millones de dólares en nuevos fondos para luchar contra la epidemia de opioides.

- Firmó el acta Elección VA y VA Responsabilidad expandiendo acceso a telemedicina, clínicas y servicio de urgencias y de salud mental.

- La producción de petróleo de Estados Unidos alcanzó recientemente un máximo histórico, por lo que dependemos menos del petróleo del medio oriente.

- Los EE.UU. es un exportador neto de gas natural por primera vez desde 1957.

- Retiró a los Estados Unidos del matador de empleos Acuerdo Climático de París en 2017 y ese mismo año los Estados Unidos siguen lidereando al mundo al tener la mayor reducción de emisiones de carbono.

- Los aliados de la OTAN aumentaron sus gastos de defensa debido a su campaña de presión.

- Creó la Fuerza Espacial y la firmó como nuestra 6a rama militar.

- Tiene a sus jueces de tribunal de circuito siendo confirmados más rápido que cualquier otra nueva administración.

- Obtuvo la confirmación de los jueces de la suprema corte Neil Gorsuch y Brett Kavanaugh.

- Movió la embajada de EE.UU. en Israel a Jerusalén.

- Acordó un nuevo acuerdo comercial con México y Canadá que aumentará los empleos aquí.
- Alcanzó un acuerdo revolucionario con la Unión Europea para aumentar las exportaciones de EE.UU.
- Impuso aranceles a China en respuesta a la transferencia forzada de tecnología de China, el robo de propiedad intelectual y sus prácticas comerciales crónicamente abusivas.
- Ha acordado la parte 1 de un acuerdo comercial con China. (Aún está negociando la parte 2.)
- Firmó legislación para mejorar la Línea Nacional de Suicidio.
- Firmó la legislación más completa acerca del cáncer infantil, lo que avanzará la investigación del cáncer y mejorará los tratamientos.
- Otro logro próximo a añadir: En la próxima semana o dos, Trump firmará la primera ley anti-robocall en décadas llamada la Ley TRACED (Telephone Robocall Abuse Criminal Enforcement and Deterrence). Una vez que sea la ley, la Ley TRACED extenderá el período de tiempo que la FCC tiene para atrapar y castigar a aquellos que tienen la intención de romper las restricciones de telemarketing. La ley también requiere que los proveedores de servicios de voz desarrollen una infraestructura para verificar que las llamadas son legítimas antes de que lleguen a su teléfono.
- La Ley TRACED requiere que los operadores compartan herramientas y la capacidad de bloquear las llamadas de spam con los clientes de forma gratuita.

También cambia la multa impuesta a los vendedores de spam de $1,500 a $10,000 POR LLAMADA. A principios de este año, la FCC de Trump multó a un tipo robocall por $120 millones.

- La Ley de Recortes de Impuestos y Empleos firmada por Trump duplicó la cantidad máxima del crédito tributario por hijo disponible para los padres y levantó los límites de ingresos para que más personas puedan reclamarlo. También creó un nuevo crédito fiscal para otros dependientes.

- En 2018, el presidente Trump firmó un aumento de fondos de $2,400 millones para el Fondo de Cuidado Infantil y Desarrollo, proporcionando un total de $8.1 mil millones a los estados para financiar el cuidado de niños de familias de bajos ingresos.

- El Crédito Tributario por Cuidado de Niños y Dependientes (CDCTC, por sus siglas en inglés) firmado por Trump proporciona un crédito fiscal equivalente al 20-35 por ciento de los gastos de cuidado infantil, $3,000 por niño y $6,000 por familia, más Cuentas de Gasto Flexibles (FSA) le permiten reservar hasta $5,000 en dinero antes de impuestos para usar para el cuidado de niños.

- En 2019, el presidente Donald Trump firmó la Ley de Colaboración en materia de Autismo, Responsabilidad, Investigación, Educación y Apoyo (CARES) con 1,800 millones de dólares en fondos en los próximos cinco años para ayudar a las personas con trastorno del espectro autista y ayudar a sus familias.

- En 2019, el presidente Trump firmó dos paquetes

de fondos que proporcionan casi \$19 millones en nuevos fondos para programas específicos de investigación y educación de Lupus, así como \$41.7 mil millones adicionales en fondos para los Institutos Nacionales de Salud (NIH).

ACERCA DE LOS
AUTORES

Jᴇssᴇ Romero es un evangelista católico desde hace mucho tiempo y un veterano retirado del departamento del Sheriff del Condado de Los Angeles. Tiene una licenciatura en Artes Liberales del Mount St. Mary's College en Los Angeles y un título de posgrado en Teología Católica de la Universidad Franciscana de Steubenville. El habla con frecuencia en todo el país y es el anfitrión de dos programas de radio. Para obtener más información sobre Jesse y su misión, visita www.jesseromero.com.

John McCullough es un escritor y editor. A lo largo de los años ha trabajado como profesor, escritor en periódicos, vendedor y editor de revistas, pero sus ocupaciones favoritas, o vocaciones más bien, son las de marido y padre.

Printed in the United States
By Bookmasters